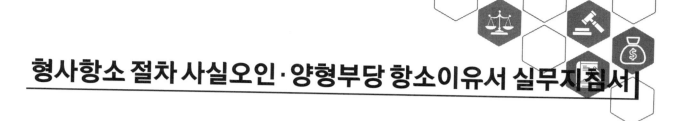

형사항소 절차 사실오인·양형부당 항소이유서 실무지침서

형사사건항소 항소이유서 작성방법

편저 : 대한법률콘텐츠연구회

(콘텐츠 제공)

해설·최신서식·사례

법문북스

머 리 말

　형사 사건에 대한 항소심 재판은 1심 재판에 대하여 옳고 그름을 판단하는 절차로서 1심 재판과는 다른 점이 있습니다. 제1심 법원은 검사가 주장하는 공소 사실(범죄사실)이 유죄로 인정되는지 유죄로 인정된다면 피고인에게 가장 알맞은 형량은 얼마나 되는지 판단합니다.

　대부분 제1심 법원의 판결을 받아들이지 못하는 경우에 항소를 하게 됩니다.

　항소법원은 항소를 한 검사나 피고인이 주장하는 사유, 항소이유가 타당한지를 중심으로 하여 판단을 하게 됩니다. 제1심 재판에서는 사실심리와 증거조사가 폭넓게 이루어지기 때문에 항소심 재판에서는 제1심 재판에서 다루어지지 않은 새로운 증거 위주로 재판이 이루어지기 때문에 상당한 제약이 따릅니다.

　항소심 재판에서도 제1심 재판과 거의 동일에게 재판이 열립니다.

　제1심 판결에 불복하여 항소를 제기한 검사 또는 피고인으로서는 제1심 판결에 항소를 하게 된 그 이유를 기재한 서면을 제출하여야 하는데 이를 '항소이유서' 라고 하는데 형사사건의 항소심 재판은 항소이유서에 기재된 사항을 중심으로 하여 진행되기 때문에 항소인으로서는 항소이유서 제출이 가장 중요합니다.

　항소이유서는 정형이 없지만 항소심 재판부의 재판장 그리고 두 분 판사가 제1심 판결에 불복하는 이유가 무엇인지 항소이유서만 읽고도 제1심 판결이 잘못됐다는 것으로 심증을 움직이는 데 초점을 맞추고 항소이유는 논리에 맞게 작성하여야 효과적입니다.

　사건에 따라 항소이유는 다르겠지만 항소이유를 크게 나누면 첫째, '사실오인' 제1심 법원이 잘못된 사실을 인정하여 피고인에게 유죄를 선고한 경우가 해당합니다. 둘째, '법리오해' 제1심 법원이 법리를 잘못 적용해 피고인에게 유죄를 선고한 경우가 해당합니다. 셋째, '심신미약' 사건의 당시 피고인에게 정신장애나 술에 취하여 정상적인 판단을 할 수 없는 상태였기 때문에 제1심 판결이 선고된 형을 감경하여야 한다는 이유가 이에 해당합니다. 넷째, '양형부당' 피고인의 사정 등을 참작하여 형을 감경하여야 한다는 사유가 주된 항소이유가 되고 있습니다.

항소심에서 '양형부당'의 이유로 항소할 경우 제1심 형량을 줄이는 게 어렵다는 것은 '양형부당'의 항소이유를 많이 써먹는 탓도 있지만 양형부당의 이유로 항소하면 항소심 재판부에서 잘 받아들이지 않는 것은 '양형의 조건'에 변화가 없어서 그렇습니다.

형법 제51조 양형의 조건에 변화가 없고 제1심 판결의 합리적인 범위를 벗어나지 않은 이상 항소심 재판부의 견해가 다소 다르다고 하더라도 1심 판결을 파기하지 않기 때문이므로 항소이유에는 제1심 판결의 양형의 조건에 변화가 있다는 것을 주장하고 설명하여야 효과적이므로 항소이유서는 그만큼 잘 작성하여야 합니다.

본서를 접한 모든 피고인들은 스스로 자기의 사건에 대하여 항소이유서를 작성해 재판부에 제출하고 이번 사건에서 좋은 결과를 얻기 위해서는 항소이유서를 통하여 재판장의 심증을 움직이고 꼭 마음에 드는 선처를 받아 늘 웃으시면서 건강하시기 바랍니다.

감사합니다.

편저자

차 례

본 문

최 신 서 식

4

5

본문

제1장 형사항소

형사항소는 제1심 판결에 대한 제2심 법원에의 상소를 말하며, 형사항소는 제1심 판결의 오판으로 인하여 불이익을 받는 당사자의 권리를 구제하는 것을 주된 목적으로 하는 제도로서 항소제기에 의하여 진행되는 항소법원에서의 심리절차를 항소심이라고 하는데, 항소심의 구조에 관하여는 그 심판대상 및 방식과 관련하여 (1)복심 (2)속심 (3)사후심의 세 가지가 있습니다.

1. 복심

원심의 심리와 판결이 없었던 것처럼 항소심에서 피고사건에 대하여 전반적으로 다시 심리하는 것을 복심이라고 이해하시면 되겠습니다. 복심의 특징은 (1)항소심의 심판대상은 피고사건 자체이고 항소심 판결의 주문은 피고사건에 대한 파기자판의 형식을 취하며, (2)원판결에 불복하는 이상 항소이유에 제한이 없으며, (3)항소심의 심리는 기소요지의 진술부터 다시 시작하고 사실심리나 증거조사에 제한을 받지 않으며, (4)일사부재리의 효력의 시간적 범위도 항소심 판결 선고 시를 기준으로 합니다.

2. 속심

제1심의 심리를 전제로 제1심의 소송자료를 그대로 이어받아 항소심의 심리를 속행하는 것을 속심이라고 이해하시면 되겠습니다. 따라서 항소심은 제1심의 변론이 재개된 것처럼 원심의 심리절차를 인계하고 새로운 증거를 보충하여 피고사건의 실제에 대해 판단을 행하게 됩니다. 속심의 특징은 (1)항소심의 심판대상은 피고사건의 실제이고, (2)항소이유에 제한이 없으며, (3)항소심의 심리는 변론이 재개된 것과 같이 사실심리와 증거조사를 행하므로 제1심 판결 이후에 발생한 사실이나 증거도 판결의 자료가 되며, (4)항소심에서도 공소장변경이 허용되고, (5)일사부재리의 효력은 항소심 판결 선고 시를 기준으로 하여 발생하며, (6)판결은 원칙적으로 파기자판의 형식을 취합니다.

3. 사후심

원판결 자체를 심판대상으로 삼아 원판결의 당부를 사후에 심사하는 것을 사후심이라고 합니다. 사후심의 특징은 (1)항소심의 심판대상은 원판결의 당부이고, (2)항소이유에 제한이 있어 항소이유서를 제출하여야 할 뿐만 아니라 항소심의 심판범위도 항소이유에 기재된 것에 한하며, (3)원판결시를 기준으로 원심에 나타난 증거만으로 원판결의 당부를 판단할 뿐 원판결 후에 발생한 자료를 증거로 할 수 없으며, (4)항소심에서는 공소장변경이 허용되지 않고, (5)항소이유가 있을 때에는 원칙적으로 파기환송을 하게 되며, (6)일사부재리의 효력의 시간적 범위도 원심판결 선고시라는 데 있습니다.

제2장 항소 철차 및 항소 기간

항소는 7일의 항소 기간 이내에 항소권자가 항소장을 원심법원에 제출함으로써 이루어집니다. 항소장에는 항소를 제기한다는 취지와 항소의 대상인 판결만 기재하면 족하고, 항소이유를 기재할 것을 요하지 않습니다. 다만 항소장에 항소이유를 기재한 경우에는 별도로 항소이유서를 따로 제출하지 않아도 됩니다.

1. 항소법원

항소법원은 제1심 법원이 지방법원의 단독판사인 때에는 지방법원본원 합의부이고, 지방법원 합의부가 제1심 법원인 때에는 고등법원입니다.

2. 원심법원의 조치

원심법원은 항소장을 심사하여 항소의 제기가 법률상의 방식에 위반하거나 항소권이 소멸된 후인 것이 명백한 때에는 결정으로 항소를 기각하여야 합니다.

이 결정에는 즉시항고를 할 수 있습니다.

항소 기각의 결정을 하지 않은 경우에는 원심법원은 항소장을 받은 날로부터 2주일(14일) 이내에 소송기록과 그 증거물을 항소법원에 송부합니다.

3. 항소법원의 조치

항소법원이 기록의 송부를 받은 때에는 즉시 항소인과 상대방에게 그 사유를 통지하여야 합니다.

그리고 기록의 송부를 받은 항소법원은 필요적 변호사건에 있어서 변호인이 없는 경우에는 지체 없이 국선변호인을 선정한 후 그 변호인에게 소송기록접수통지를 하여야 합니다.

필요적 변호사건의 경우에는 항소심에서 새로이 국선변호인을 선정하여야 합니다.

제3장 항소이유서

　항소인은 항소법원의 소송기록접수통지를 받은 날로부터 20일 이내에 항소이유서를 항소법원에 제출하여야 합니다. 항소법원이 피고인에게 소송기록 접수통지를 함에 있어 2회에 걸쳐 그 통지서를 송달하였다고 하더라도 항소이유서 제출기간의 기산일은 최초 송달의 효력이 발생한 다음날입니다.

　항소심 재판은 기본적으로 제1심 재판의 옳고 그름을 판단하는 절차이기 때문에 제1심 재판과 다른 점이 많이 있습니다. 제1심 법원은 검사가 주장하는 범죄사실이 유죄로 인정되는지 유죄로 인정된다면 피고인에게 알맞은 형량은 어떻게 되는지를 위주로 판단합니다. 검사와 피고인은 제1심 법원의 판단을 받아들이지 못할 경우 항소를 할 수 있습니다. 항소법원은 항소인 검사 또는 피고인이 주장하는 사유 말하자면 항소이유가 타당한지를 중심으로 판단하게 됩니다.

　최초로 열리는 제1심 재판에서는 사실심리와 증거조사가 폭넓게 이루어지는 반면, 항소심 재판에서는 새로운 증거의 신청이나 사실조사에 상당한 제약이 따릅니다. 그러나 항소심에서도 공개된 법정에서 재판이 열리고 피고인에게 진술거부권이 인정되며, 국선변호인의 도움을 받을 수 있는 것은 제1심 재판과 같습니다.

　항소이유서는 제1심 판결에 대하여 항소를 제기한 검사나 피고인이 제1심 판결에 항소를 한 그 이유를 기재한 서면을 말합니다. 항소심 재판은 모두 항소이유서에 기재된 사항을 중심으로 진행되기 때문에 항소이유서 제출이 매우 중요합니다. 항소인은 항소법원에서 소송기록을 접수하였다는 통지를 받은 날로부터 20일 이내에 항소법원에 항소이유서를 제출하여야 하고 항소이유서를 제출하지 않으면 판결 없이 결정으로 항소기각 결정을 하게 됩니다.

1. 항소이유서 제출 기간

　항소이유서를 제출할 수 있는 위 20일의 기간은 항소법원으로부터 소송기록을 접수하였다는 통지서를 받은 다음날부터 기산하여 기간의 말일의 종료로써 만료됩니다. 기간의 말일이 토요일 또는 공휴일에 해당하는 경우에는 그 다음날의 종료로써 만료됩니다. 기간의 말일이 구정명절과 같은 연휴의 초일이나 중간에 해당하는 경우에는 그 연휴기간의 종료 다음날의 종료로써 만료됩니다.

2. 항소이유

항소이유는 사건에 따라 다르겠지만 항소이유에는 (1)'사실오인' 제1심 법원이 잘못된 사실을 인정하여 유죄를 선고한 것을 말합니다. (2)'법리오해' 제1심 법원이 법리를 잘못 적용하여 유죄를 선고한 것을 말합니다. (3)'심신장애' 사건의 당시 정신장애나 술에 취하여 정상적인 판단을 할 수 없는 상태였으므로 피고인에게 선고된 형을 감경하여야 한다는 것을 말합니다. (4)'양형부당' 피고인의 사정 등을 참작하여 형을 감경하여야 한다는 것을 말합니다.

(1) 항소이유의 분류

항소이유는 그 내용에 따라 법령위반을 이유로 하는 것과 법령위반 이외의 사유를 이유로 하는 것으로 나눌 수 있습니다. 또한 각각에 대하여 일정한 사유가 있으면 당연히 항소이유가 되는 절대적 항소이유와 그 사유에 존재가 판결에 영향을 미친 경우에 한하여 항소이유로 되는 상대적 항소이유로 구분될 수 있습니다.

(2) 법령위반

법령위반은 원칙적으로 상대적 항소이유에 해당하지만 판결에 미치는 영향이 중대하거나 그 영향 여부의 입증이 곤란한 경우는 이를 절대적 항소이유로 하고 있습니다. 법령위반은 항소이유 외에도 상고이유 및 재항고이유로 된다는 점에서 상소제도 전반에 걸쳐서 중요한 의미를 가지고 있는 항소이유입니다.

(3) 상대적 항소이유

판결에 영향을 미친 헌법·법률·명령 또는 규칙의 위반이 있는 때를 절대적 항소이유라고 합니다. 법령위반은 실체법령의 위반과 소송절차에 관한 법령의 위반으로 나누어 볼 수 있습니다.

실체 법령의 위반은 원심판결이 인정한 사실관계를 전제로 하여 형법 기타 실체법의 해석과 적용에 잘못이 있는 것을 의미하는 것입니다.

소송 절차에 관한 법령위반은 원심의 심리 및 판결절차가 소송법규에 위반한 것을 의미합니다. 소송절차에 관한 법령위반은 원심절차에 관한 법령위반을 의미하는 것이므로 수사절차에 관한 법령위반은 그 자체로는 항소이유가 되지 못합니다.

필요적 변호사건을 변호인 없이 개정하여 심리한 경우 보강증거 없이 피고인의 자백만을 근거로 유죄판결을 선고한 경우 원심업원이 자신에게 부과된 실체적 진실발견의 의무를 다하지 않아서 발생하는 심리미진의 위법이 포함됩니다.

상대적 항소이유로서의 법령위반은 그것이 판결에 영향을 미쳤다고 인정되는 경우에 한하여 항소이유가 됩니다. 판결에 영향을 미친 때라 함은 판결 내용에 영향을 미친 것을 말하고 법령위반 때문에 판결의 주문이나 이유에 변화가 생긴 것을 말합니다. 그러므로 법령위반과 판결결과 사이에는 인과관계가 있어야 합니다.

(4) 절대적 항소이유

절대적 항소이유는 (1)관할규정의 위반 (2)법원구성원의 위법 (3)공개재판에 관할 규정위반 (4)이유 불비 또는 이유모순 등으로 나눌 수 있습니다.

관할 또는 관할위반의 인정이 법률에 위반한 때 절대적 항소이유가 됩니다. 법원구성원이 위법한 경우는 (1)판결법원의 구성이 법률을 위반한 때 (2)법률상 그 재판에 관여하지 못할 판사가 그 사건의 심판에 관여한 때 (3)사건의 심리에 관여하지 아니한 판사가 그 사건의 판결에 관여한 때를 말하고 재판의 공개에 관할 헌법과 법원조직법의 규정에 위반하여 판결의 선고를 공개하지 않은 경우를 공개재판에 관할 규정위반이라고 하고, 판결에 이유를 붙이지 아니하거나 이유에 모순이 있는 때를 이유 불비 또는 이유모순이라고 하며, 이유를 붙이지 아니한 때란 이유를 전혀 붙이지 않은 경우뿐만 아니라 이유가 불충분한 경우를 포함하며, 이유에 모순이 있는 때란 주문과 이유 또는 이유 상호간에 모순이 있는 때를 의미합니다.

(5) 법령위반 이외의 항소이유

법령위반 이외의 항소이유는 항소심의 속심적 성격을 나타내는 이유인데 역시 상대적 항소이유와 절대적 항소이유로 구분할 수 있습니다.

사실의 오인이 있어 판결의 영향을 미친 때가 법령위반의 상대적 항소이유라고 합니다. 사실오인은 원심법원이 인정한 사실과 객관적 사실 사이에 차이가 있는 것을 말하는 것입니다. 그리고 사실이란 재판의 기초가 된 모든 사실을 말하는 것이 아니고 피고인의 구제라는 항소심의 기능에 비추어 볼 때 형벌권의 존부와 범위에 관할 사실, 말하자면 엄격한 증명을 요하는 사실을 의미합니다. 따라서 구성요건해당사실, 위법성과 책임의 기초사실, 처벌조건인 사실, 법률상 형의 가중 또는 감면사유인 사실 등은 사실오인의 대상인 사실에 포함됩니다. 그러나 소송법적 사실이나 양형의 기초가 되는 정상관계사실은 여기에 해당되지 않습니다.

증거 능력이 없는 증거나 법에서 정한 증거조사절차를 거치지 않은 증거에 의하여 엄격한 증명을 요하는 사실을 인정하는 것은 사실오인이 아니라 소송절차의 법령위반에 해당하고, 판결이유에 설시된 증거로부터 판결이유에 적시된 사실을 인정하는 것이 불합리한 경우는 사실오인이 아니라 절대적 항소이유인 이유모순에 해당하는 것으로 이해하시면 되겠습니다.

판결 후 형의 폐지나 변경 또는 사면이 있는 때 절대적 항소이유가 됩니다. 여기서 형의 변경이란 경한 형으로의 변경만을 의미합니다. 판결 후 형의 폐지나 사면이 있으면 면 소판결을 해야 하고 형이 경하게 변경된 경우에는 피고인에게 경한 형을 부과해야 하므로 피고인의 이익을 위해서 절대적 항소이유로 한 것입니다.

제4장 사실오인

사실오인은 제1심 법원이 인정한 사실과 객관적 사실 사이에 차이가 있는 경우를 말합니다. 예들 들어 범행 사실에 대한 내용을 제1심 법원이 검토를 잘못했다고 생각할 때 '사실오인' 을 원인으로 항소를 진행하게 되는 것입니다.

원심 판결에서 인정한 사실이 잘못 되었다면 항소이유서에서 '사실오인' 만 주장하는 것보다 '양형부당' 두 가지를 적는 것이 피고인에게 훨씬 유리하고 더 좋습니다.

무죄를 다투는 항소이유서는 '사실오인' 을 주장하는 것이 최우선입니다.

항소심 재판부에서 피고인의 주장에 대하여 받아들여지지 않는다 하더라도 사건경위를 보다 세밀하게 설명하고 벌금액을 낮추거나 선고유예를 선고해 달라는 취지로 항소이유서를 작성하는 것이 더 좋습니다.

제5장 법리오해

법리오해는 제1심 판결은 법률적인 이론에 대해 이해를 잘못하고 내린 판결이므로 그 판결은 위법하다는 이유로 항소를 진행하게 되는 것입니다. 예컨대 정보통신망 이용촉진 및 정보보호 등에 관한 법률 제70조 사이버명예훼손죄 위반의 공소사실에 대하여 제1심 판결이 유죄 인정의 근거로 들고 있는 증거들은 위 사실들이 허위(거짓)라는 사실을 피고인이 그와 같은 사실이 허위(거짓)라는 사실을 인식하였다는 점이 합리적인 의심을 할 여지가 없을 정도로 증명되었다고 보기는 어려운데도 피고인이 진실이라는 점을 소명할 구체적이고 객관적인 자료를 전혀 제시하지 못하였다는 이유만으로 위 사실들이 허위(거짓)이고 피고인이 이러한 사실들이 허위라고 인식하고 있었다고 판단하여 피고인을 유죄로 인정한 제1심 판결에는 증명책임에 관한 '법리오해' 또는 채증법칙 위반의 위법이 있다는 항소이유를 작성하시면 더 좋습니다.

제6장 심신장애

심신장애로 인하여 사물을 변별할 능력이 없거나 의사를 결정할 능력이 없는 자의 행위에 대해 형법 제10조(심신장애)의 규정에 의하여 벌하지 않습니다. 그리고 '심신장애'로 인하여 사물을 변별할 능력이 없거나 의사를 결정할 능력이 없는 자 능력이 미약한 자의 행위는 형을 감경할 수 있기 때문에 사건의 당시 피고인에게 정신장애나 술에 취하여 정상적인 판단을 할 수 없는 상태에 있었으므로 1심 판결이 선고된 형을 감경하여야 한다는 '심신장애'를 원인으로 하여 항소를 하고 있습니다.

음주로 인한 심신미약이 인정되려면 고의로든 과실로든 범행을 저지르려는 의도가 전혀 없어야 합니다. 주취감경과 같은 경우에도 '심신미약'이 성립될 수 있습니다. 예를 들어 술을 많이 마신고 노래를 크게 부르다가 동작의 실수로 인해 여성의 신체를 접촉하는 경우나 술을 마시고 지나가는 데 감자기 개가 달려들어 물려는 상황에서 개를 발로 걷어차 죽인 경우에는 심신미약이 성립될 수 있습니다. 따라서 '심신장애'는 의학적인 판단에 의해 결정되는 것은 아니라 항소심 재판부의 재판장 이하 두 분 판사가 증거를 통해 결정하기 때문에 항소이유서를 통하여 그 때 정황을 제대로 설명하고 '심신장애'가 있었음을 인정하도록 작성하여야 효과적입니다.

제7장 양형부당

양형부당은 피고인이 범죄에 이르게 된 과정이나 범죄로 인한 피해 등으로 미루어 볼 때 피고인이 저지른 사건의 내용에 비하여 제1심 판결의 형이 지나치게 가벼운 경우(검사가 항소) 지나치게 무거운 경우(피고인이 항소) 이치에 맞지 않는다는 이유로 항소를 진행하게 되는 것입니다.

요즘은 항소심에서 양형부당의 이유로 항소하면 형량을 줄이는 게 어렵다고 생각하는 이유는 항소이유로 많이 써먹고 항소이유에 단골손님인 양형부당의 이유로 항소하면 항소심 재판부에서 잘 안 받아들여지는 것은 바로 양형조건에 변화가 없어서 그렇습니다.

양형 조건에 변화가 없고 제1심 판결의 양형이 합리적인 범위를 벗어나지 않은 이상 항소심의 견해가 조금 다르다는 이유만으로 제1심 판결을 파기하는 것을 자제하라고 아예 못을 박아버렸습니다.

제8장 '법령위반'항소이유

형사소송법은 소송절차에 있어서 소송법령을 위반하여 판결이 선고된 것을 '법령위반' 이라고 하고 판결을 선고함에 있어서 준수하여야 할 법령의 위반은 판결에 영향을 미친 소송절차에 대한 법령위반을 말합니다.

판사의 법령위반으로 제1심 판결을 인정할 수 없다는 항소이유의 경우 제1심의 판결에 불복하는 이유를 구체적으로 기재하시면 됩니다. 판결에 영향을 미친 (1)헌법 (2)법률 (3)명령 또는 (4)규칙의 위반이 있는 때 (5)판결 후 형의 폐지나 변경이나 또는 사면이 있는 때 (6)관할 또는 관할 위반의 인정이 법률에 위반한 때와 판결법원의 구성이 법률에 위반한 때, (7)공판의 공개에 관한 규정에 위반한 때에는 법령위반을 이유로 할 수 있습니다.

항소이유 중 법령위반을 이유로 하는 항소이유에는 판결에 영향을 미친 헌법, 법률, 명령 또는 규칙의 위반이 있는 때, 관할 또는 관할위반의 인정이 법률에 위반한 때, 판결에 이유를 붙이지 않거나 이유에 모순이 있는 때는 법령위반의 항소이유로 할 수 있습니다.

증거능력 없는 증거에 의하여 사실을 잘못 인정한 것은 법령위반에 해당합니다. 법령위반의 항소이유는 형사소송법 제361조의5 각호에 명시적으로 규정된 법령위반의 사유를 주장하는 경우뿐 아니라 공소장에 기재된 사실관계에는 다툼이 없으나 제1심 법원이 적용한 법조가 아닌 다른 법조가 적용되어야 한다고 주장하는 경우에는 제1심 법원의 법률해석이 동종 유사한 사례에서의 대법원 판례 내지 형사법 원칙과 배치된다고 주장하는 경우 또는 제1심 법원의 법률해석 적용의 과오를, 예를 들어 집행유예를 선고할 수 없는 사건임에도 불구하고 제1심 법원이 집행유예를 선고한 경우 그 위법을 항소이유로 주장하는 경우 등과 같이 제1심 법원이 인정한 공소 범죄사실 자체를 부정하는 것이 아닌 경우가 이에 해당합니다.

제9장 '심신장애' 항소이유

심신장애는 형법 제10조(심신장애)로 인하여 사물을 변별할 능력이 없거나 의사를 결정할 능력이 없는 자의 행위에 대해 벌하지 않습니다. '심신장애' 로 인하여 사물을 변별할 능력이 없거나 의사를 결정할 능력이 없는 자, 능력이 미약한 자의 행위는 형을 감경할 수 있으므로 사건의 당시 정신장애나 술에 취하여 정상적인 판단을 할 수 없는 상태에 있었음에도 1심 판결이 선고된 형을 감경해야 한다는 '심신장애' 를 원인으로 하여 항소를 하고 있습니다.

술에 취한 심신미약이 인정되기 위해서 고의 또는 과실로 범행을 저지르려는 의도가 전혀 없어야 성립할 수 있고 주취의 감경과 같이 '심신미약' 이 성립될 수 있습니다. 술을 많이 마시고 노래를 크게 부르다가 동작의 실수로 인해 여성의 신체를 접촉하는 경우나 술을 마신 상태로 길을 지나가는 데 갑자기 개가 물려는 상황에서 그 개를 발로 걸어차 죽인 경우에는 심신미약이 성립될 수 있습니다.

따라서 '심신장애' 는 의학적인 판단에 의하여 결정되지 않고 항소심 재판부의 재판장 이하 두 분 판사가 증거를 통해 결정하기 때문에 항소이유서를 통하여 정황을 제대로 설명하고 '심신장애' 가 있었음을 인정하도록 작성하여야 효과적입니다.

제10장 '사실오인'항소이유

　사실오인은 형사소송법 제361조의5 제14호에서 항소이유의 하나로 규정한 것입니다. 사실오인은 '사실의 오인이 있어 판결에 영향을 미친 때' 를 말합니다. 말하자면 사실오인에 의하여 판결의 주문에 영향을 미쳤을 경우와 범죄에 대한 구성요건적 평가에 직접 또는 간접으로 영향을 미쳤을 경우를 의미합니다.

　형사 재판에서 제1심 판결의 판사가 사실을 잘못 인정하는 것을 '사실오인' 이라고 합니다. 이것이 원심판결에 영향을 미칠 것이 분명하면 항소이유가 됩니다.

　판사의 유죄 심증 형성은 합리적 의심의 여지가 없는 증명의 정도에 이르러야 하고, 이와 달리 반대되는 사실의 개연성을 배제할 수 없는 경우, 말하자면 심증이 부족한 경우에는 합리적인 의심의 여지가 있다고 보아야 하므로 비록 반대증거보다 우월한 정도의 증명이 있다고 하거나 확실성에 근접하는 고도의 개연성이 있다고 하더라도 이러한 사정만으로 피고인에게 유죄로 인정할 수는 없는 것입니다.

　그럼에도 불구하고 제1심 판결은 사건 발생 직전 피고인과 피해자가 언쟁을 한 과정 및 그 이유 피고인의 감정의 폭발 등 범행의 동기에 관한 사실을 증거 없이 인정하거나 오차범위도 넓어 그 증명력을 부여할 수 없다거나 반대사실의 증거로도 사용될 수 없는 증거 및 피해자의 진술들을 유죄로 인정하였으나 증거의 가치판단을 그르침으로써 피고인에 대한 각 공소사실을 유죄로 인정한 것은 채증법칙을 위배하여 사실을 오인 판단하여 판결에 영향을 미친 위법을 범한 것입니다. 라고 항소이유를 작성하시면 됩니다.

　사실오인을 항소이유로 하면 항소심 진행과정에서 사실관계를 다시 따져봐야 하므로 추가로 제출된 증거들을 조사하거나 증인을 재차 소환하여 분석을 하게 되기 때문에 재판 진행이 비교적 연장될 가능성이 높고 철저히 준비하여야 합니다. 사실오인은 제1심 법원이 인정한 사실과 객관적 사실 사이에 차이가 있는 경우를 말합니다. 사실의 범위는 항소심의 기능이 피고인의 구제에 있는 이상 형벌권의 존부와 범위에 관한 사실, 말하자면 엄격한 증명을 요하는 사실을 의미합니다. 따라서 범죄구성요건사실, 처벌조건으로 되는 사실, 형의 가중감면의 이유가 되는 사실, 범죄성립을 조각시키는 사유에 관한 사실이 여기에 해당합니다. 사실오인에 대한 항소이유에는 제1심법원이 인정한 사실과 객관적 사실 사이에 차이가 있는 것을 구체적으로 설명하여야 합니다.

제11장 '양형부당'항소이유

양형부당에 대한 항소이유는 형사소송법 제261조의5 제15호가 규정하는 사유로 특히 공소사실을 전부 인정하고 죄명 등 법령의 적용은 다투지 않는 경우의 재판에서 독자적 항소이유로서의 의미를 갖습니다.

사실심 법원의 양형의 기초 사실에 관하여 사실을 오인하였다거나 양형의 조건이 되는 정상에 관하여 심리를 제대로 하지 아니하였다는 사유를 들어 제1심 판결을 다투는 것은 양형부당 취지의 주장에 해당합니다.

항소이유 중 '양형부당' 을 항소이유로 하는 것은 제1심 판결에 대한 선고형이 구체적인 사안의 내용에 비추어 너무나 중하거나(너무 높다거나) 너무 경하여(약한 경우) 합리적인 양형의 범위를 넘어선 경우를 말합니다. 보편적으로 항소이유 중에서 가장 많은 항소이유가 바로 '양형부당' 의 항소사유입니다.

양형부당의 항소를 절대적 항소이유라고 합니다. 이는 형의 양정이 부당하다고 인정할 사유가 있는 때에 해당하고 죄를 지은 것은 맞는데 제1심 판결이 과다하다고 생각된다면 항소이유로 할 수 있습니다.

말하자면 술을 마시다가 사소한 말다툼으로 싸움을 하여 피해자가 형법 제257조 제1항의 '상해죄' 로 고소하였는데 상해죄는 사람의 신체를 상해한 자는 7년 이하의 징역, 10년 이하의 자격정지 또는 1,000만 원 이하의 벌금에 처한다고 되어 있습니다.

이는 죄형법정주의의 원칙에 따라 범죄의 구성요건과 법정형을 명시한 것입니다. 예를 들어 상해가 발생한 경우 각 사안에 따라 최대 7년 이하의 징역형을 그대로 징역형을 선고받을 수도 있지만 1년 내지 3년 이하의 징역형을 선고받기도 하고 형법 제310조 위법성조각사유 등이 있는 경우라면 형사처벌을 받지 않을 수도 있습니다.

피고인의 양형을 정하고 판결을 선고하는 것은 재판부로부터 기대하는 형량이 있기 마련이지만 피고인의 사정을 충분히 고려되지 않고 예산하였던 것보다 높은 형량이 선고된 경우에는 양형부당을 이유로 얼마든지 항소를 제기할 수 있고 항소이유로 삼을 수 있습니다.

양형부당을 항소이유로 하여 제1심 법원의 양형보다 형량이 감경되는 사례가 많습니다. 누구나 전혀 생각하지도 못한 형사사건에 휘말려 형사재판을 받아야 하는 경우가 생기는 경우도 있을 수도 있습니다. 만약 형사재판을 받고 상상하지 못한 판결을 선고받은 경우 '양형부당' 을 항소이유로 하여 항소를 모색해 볼 필요가 있습니다.

검사의 구형은 대부분 피고인들은 앞으로 있을 판결 선고 시 정상이 참작되어 검사의 구형량보다 감경될 것으로 이해하고 있고, 이로 인하여 판결을 선고함에 있어 검사의 구형량보다 더 높은 판결을 선고하는 경우 피고인들은 이를 납득하지 못하고 불복하여 항소를 제기하는 분들이 굉장히 많습니다.

양형부당은 피고인이 범죄에 이르게 된 그 과정이나 범죄로 인한 피해 등으로 미루어 볼 때 피고인이 저지른 사건의 내용에 비한다면 제1심 판결의 선고된 형이 지나치게 무거워 이치에 맞지 않는다는 이유를 말합니다.

피고인들이 대부분 '양형부당' 을 항소이유로 수도 없이 써먹고 양형부당의 항소이유가 약방의 감초이므로 양형부당을 내세워 항소하면 항소심 재판부에서 잘 안 받아들여지는 이유가 양형조건에 변화가 없기 때문입니다.

양형부당의 항소이유는 무엇보다도 양형조건에 변화가 있어야 합니다.

제1심 판결의 양형이 합리적인 범위를 벗어나지 않았다면 항소심의 견해가 조금 다르다고 해서 제1심 판결을 파기하는 것은 그렇게 쉽지 않으므로 항소이유에서 양형의 조건에 변화가 있다는 것을 보여주고 이를 피고인이 주장하고 입증하여야 가능한 일입니다.

1. 양형부당 항소이유 요지

본건은 피고인에게 징역 8월에 집행유예 2년을 선고한 사안에 대하여 양형기준표 적용 대상 사건으로 일반강제추행죄 영역에 해당합니다. 피고인에 대한 특별양형인자 중 감경요소로는 ①유형력의 행사가 현저히 약한 경우, ②추행의 정도가 약한 경우, ③처벌불원을 들 수 있고 가중요소는 존재하지 않습니다.

그리고 일반양형인자 중 감경요소로는 진지한 반성, 형사처벌 전력 없음을 들 수 있고, 가중요소는 없습니다.

따라서 특별감경요소만 3개가 존재하는 본건에 있어서는 일반강제추행죄의 특별감경영역에 해당하여 징역형을 선택할 경우에는 그 형량 권고 범위가 1년 이하의 징역이라 할 것입니다. 그런데 본건의 유형력 행사, 추행의 정도가 현저히 약하다 할 것이고, 현재까지의 재판실무상 본건과 유사한 수위의 동종 사안에서 그 형종을 벌금형으로 선택하여 온 것에 비추어 피고인에게도 그 형 종으로 벌금형으로 선택하여 주실 것을 간곡히 호소합니다.

또한 피고인이 피해자와 원만히 합의하여 피해자가 피고인에 대한 처벌을 원하지 않는다는 처벌불원서를 제출하였고, 오늘날 성범죄에 대한 엄벌추세 등에 비추어 성범죄자로서의 범죄경력이 아직 젊은 나이의 피고인이 사회생활을 영위함에 있어 상당히 무거운 족쇄로 작용할 것이 자명한바, 한 순간의 실수를 행한 피고인에게 다시 한 번의 기회를 주신다는 의미에서 이번에 한하여 선고유예의 선처를 허락하여 주실 것을 아울러 간곡히 호소합니다.

본건 범행은 공개명령, 고지명령의 대상이 되는 성폭력범죄에 해당됩니다. 그러나 신상정보를 공개, 고지하여서는 아니 될 특별한 사정이 있다고 판단되는 경우에는 공개명령, 고지명령을 면제할 수 있다 할 것입니다. 그리고 이러한 특별한 사정의 판단기준은 피고인의 연령, 직업, 재범위험성 등 행위자의 특성, 해당 범행의 종류, 동기, 범행과정 결과 및 그 죄의 경중 등 범행의 특성, 공개명령 또는 고지명령으로 인하여 피고인이 입는 불이익의 정도와 예상되는 부작용, 그로 인해 달성할 수 있는 성범죄의 예방효과이라 할 것입니다.

피고인의 경우 ①피고인에게 아무런 범죄전력이 없고 재범위험성보다는 개선가능성이 현저히 높은 점, ②본건 범행이 일반 강제추행 중 그 유형력의 행사나 추행의 정도가 경미한 추행에 해당하는 점, ③본건 범행은 피고인의 집 앞에 우발적으로 이뤄졌던 것인 점, ④공개명령, 고지명령으로 인하여 피고인과 그 가족이 입게 되는 인격적 침해는 현저하고 사실상 피고인의 사회생활에 사형선고를 내리는 것과 같은 침해를 가져오는 반면, 이미 상당한 개선가능성이 예상되는 피고인에게 공개명령, 고지명령을 통하여 달성할 수 있는 성범죄예방의 필요성은 극히 적은 점, ⑤피고인이 본건 범행을 반성하고 피해자에게 상당부분 피해를 회복하여 원만히 합의에 이른 점 등을 고려할 때 공개명령, 고지명령을 면제할 만한 특별한 사정이 있는 경우에 해당된다 할 것입니다.

따라서 귀원께서 피고인에게 공개명령, 고지명령의 병과를 면제하여 주실 것을 간곡히 요청 드립니다. 피고인에 대한 귀원께서 이상의 사정을 종합하여 법이 허용하는 범위 내에서 최대한의 선처와 관용을 베풀어 주실 것을 간곡히 호소합니다. 라고 항소이유서를 작성하여 제출한 본건에서 피고인은 벌금형으로 선고되었고, 공개명령, 고지명령의 병과를 면제된 사례입니다.

최신서식

항 소 이 유 서

사 건 번 호 : ○○○○고단○○○○호   상해

피고인(항소인) : ○   ○   ○

○○○○ 년 ○○ 월 ○○ 일

위 피고인(항소인) : ○ ○ ○   (인)

광주지방법원 형사항소○부 귀중

항 소 이 유 서

1. 항소인(피고인)

성 명	○ ○ ○	주민등록번호	생략
주 소	광주광역시 ○○구 ○○로 ○길 ○○○, ○○○호		
직 업	회사원	사무실 주 소	생략
전 화	(휴대폰) 010 - 4567 - 0000		
사건번호	○○○○형제○○○○호 상해		

　피고인(항소인)은 광주지방법원 ○○○○○고단○○○○호 상해 피고사건에 대하여 다음과 같이 항소이유를 개진합니다.

<h1 style="text-align:center">- 다　음 -</h1>

1. 사건의 개요

원심에서는 피고인에게 판시 범죄 사실을 모두 인정하고, 징역 6월에 집행유예 2년을 선고하였는바, 그 판시사실의 요지는 다음과 같습니다.

피고인은 ○○○○. ○○. ○○. 16:20경 광주광역시 광산구 ○○로 ○○에 있는 주식회사 ○○산업 옥상에서, 회사업무와 관련하여 피해자 ○○○(남, 39세)와 시비하던 중 주먹과 발로 위 피해자의 목과 배 등을 폭행하여 위 피해자에게 27일간의 치료를 요하는 경추부염좌 등의 상해를 가한 것이 인정되어 징역 6월의 집행유예 2년을 선고한다는데 있습니다.

2. 이 사건의 실체

가, 피고인은 피해자 ○○○로부터 일방적으로 폭행을 당하였을 뿐 피해자 ○○○를 폭행한 사실이 전혀 없습니다.

나, 피고인(남, 42세)은 광주광역시 광산구 ○○로 ○○에 있는 주식회사 ○○산업(이하'○○산업'이라고만 합니다)의 팀장이고, 피해자 ○○○(남, 39세, 178㎝, 79㎏)는 ○○산업의 운영자이며, 같은 직장 선후배 사이입니다.

다, ○○○○. ○○. ○○. 12:00경 피고인과 피해자 ○○○는 회사 일로 전화를 하다가 시비가 붙게 되었고, ○○○○. ○○. ○○. 16:00경 여수에서 일을 마친 ○○○가 회사로 돌아와 ○○산업의 옥상에서 피고인과 말싸움을 하게 되었습니다.

라, 말싸움을 하게 된 경위와 관련하여 피고인과 피해자 ○○○의 진술은 상반됩니다.

피해자 ○○○는 피고인이 "옥상에서 한번 뜨자"(소위 맞짱)고 제의를 하여 피고인을 따라 옥상에 올라가게 된 것이고, 피고인이 먼저 왼쪽 어깨로 피해자 ○○○의 얼굴을 쳐서 주먹으로 피고인의 얼굴을 받아 쳤으며, 피고인이 양손으로 목을 잡아 당겼고, 서로 바닥에 넘어져 뒹굴면서 주먹으로 서로 치고 받은 것이라고 주장하고 있습니다.

그러나 피해자 ○○○가 피고인에게 "옥상으로 올라오라"는 전화를 받고 옥상으로 가게 되었습니다.

뒤에서 따라 오던 피해자 ○○○가 갑자기 주먹으로 피고인의 얼굴을 때려 앞으로 쓰러진 채 잠시 기절해 있었는데 피해자 ○○○가 주먹인지 발인지 모르겠으나 머리 뒤통수와 얼굴을 계속 때렸고 피고인은 일방적으로 피해자 ○○○로부터 폭행을 당했습니다.

마, 싸움이 종료되었을 당시 피고인은 양쪽 눈이 심하게 부어 있었고, 입술이 터져 입 주변에 피가 묻어 있었으며, 머리 윗부분도 찢어져 피가 나 있었습니다.

피고인으로서는 병원에서 오른쪽 눈이 보이지 않는다고 진술하였고, 피해자 ○○○로부터 오히려 폭행을 당하여 약 2주간의 치료를 요하는 오른쪽망막진탕 등의 상해를 입고 상해진단서를 제출하였습니다.

피고인은 치료를 위하여 인근 ○○병원으로 갔으나, 치료가 되지 않으니 대형병원으로 가라는 말을 듣고 ○○대학교 병원에서 치료를 받게 되었던 것입니다.

바, 당시 피해자 ○○○는 목 부위가 붉게 되어 있는 것 이외에는 특별한 외상은 없었습니다.(피해자 ○○○의 오른쪽 바지 주머니 부분에 얼룩이 묻어 있었습니다).

피해자 ○○○은 피고인으로부터 폭행을 당해 약 2주간의 치료를 요하는 경추부염좌 등의 상해를 입었다는 취지의 상해진단서를 제출하였습니다.

사. 형사조정 과정에서 피고인은 합의금으로 1,500만 원을 요구하였으나, 피해자 ○○○가 200만 원밖에 줄 수 없다고 하면서 조정이 성립되지 아니한 사실도 있습니다.

아. 신빙성결여

피고인은 피해자 ○○○로부터 일방적으로 폭행을 당하였을 뿐 피해자 ○○○

을 폭행한 사실이 전혀 없습니다.

이에 피해자 ○○○은 피고인과 서로 치고 받고 한 것이라고 주장하여 서로 진술이 상반됩니다.

이 사건은 피고인과 피해자 ○○○의 사이에서 발생한 폭행 사건으로서 피해자 ○○○의 진술이 유일한 증거이므로, 이 사건의 쟁점은 피해자 ○○○의 진술이 신빙성이 있는지 여부입니다.

자. 피해자의 거짓진술

피해자 ○○○은 진술에서 피고인이 먼저 ○○산업 옥상에서 맞짱 싸우자고 제의를 하여 옥상에 따라 올라가게 되었으며, 피고인이 왼쪽 어깨로 ○○○의 얼굴을 치고, 양손으로 목을 잡아 당겼으며, 바닥에 넘어져 서로 뒹굴면서 피고인이 주먹으로 피해자 ○○○을 폭행하였다고 진술하고 있습니다.

그러나 피해자 ○○○은 당시 흰색 바지와 흰색 계열의 티셔츠를 입고 있었음에도 불구하고, 오른쪽 바지 주머니 부분에만 살짝 얼룩이 있는 것 이외에는 옷에 싸움 흔적이 전혀 보이지 않습니다.

오히려 피고인의 입 주변과 머리 윗부분 등에 출혈이 있었고 두 사람이 서로 뒹굴면서 싸웠음에도 불구하고, 피해자 ○○○의 옷에 피가 전혀 묻어 있지 아니한 점, 당시 촬영된 사진에 의하면 피해자 ○○○은 특별한 외상은 없는 것으로 보이는 점, 피고인이 병원에서 오른쪽 눈이 보이지 않는다고 주장할 정도로 심한 부상을 당하여 피해자 ○○○에게 대항하는 것이 그리 쉽지 않았을 것으로 보이는 점, 피고인이 피해자 ○○○의 직장 후배로서 피해자 ○○○ 보다 나이가 5살이나 많은 점 등에 비추어 보면, 피고인이 소위 말하는 맞짱을 제의하였고, 서로 바닥에 넘어져 뒹굴면서 서로 폭행을 하였다는 피해자 ○○○의 진술은 선뜻 믿기 어렵고 모두 거짓말입니다.

오히려 피고인이 제출한 상해 사진 및 상해 진단서 등에 의하면 피고인의 양쪽 눈 부위가 앞이 보이지 않을 정도로 심하게 부어있고, 입 안쪽과 머리 윗부분도 찢어져 출혈이 발생한 사실이 인정되고 있습니다.

하물며 피고인이 인근 병원에서 치료가 어려울 정도로 심한 부상을 당한 점, 그에 반하여 피해자 ○○○은 특별한 외상이 없는 점 등에 비추어 보면 아시겠지만, 피고인은 피해자 ○○○으로부터 전화를 받고 옥상으로 가다가 피고인이 갑자기 얼굴을 맞고 쓰러진 상태에서 피해자 ○○○으로부터 주먹과 발 등으로 일방적으로 폭행을 당한 것이므로 피해자 ○○○가 둘러대는 진술은 모두 거짓말입니다.

차. 소결

결국 피고인과 피해자 ○○○의 진술이 엇갈리고, 피해자 ○○○의 진술 이외에는 달리 증거가 없는 이 사건에 있어서 위와 같이 선뜻 믿기 어려운 피해자 ○○○의 진술만으로는 피고인이 피해자 ○○○을 폭행하였다는 사실을 인정하기에 부족한 것입니다.

따라서 검찰에서는 피고인이 피해자 ○○○을 폭행하였는지 여부를 분명히 밝히기 위해서 피고인과 피해자 ○○○를 상대로, ① ○○산업 옥상으로 올라가게 된 경위(소위 '맞짱'을 하기 위해 올라간 것인지), ② ○○산업 옥상에서 피고인과 피해자 ○○○가 구체적으로 어느 위치에서 어떻게 싸움을 하였는지, ③ 진술 사이의 모순점은 없는지(특히 피해자 ○○○의 진술에 의하면 서로 바닥에 뒹굴면서 싸움을 하였다는 것임에도 왜 피해자 ○○○의 옷 등에는 피나 얼룩이 묻어 있지 않은 이유는 무엇인지) 등에 대하여 면밀히 조사했어야 함에도 불구하고, 이에 이르지 아니한 채 피해자 ○○○가 둘러대는 거짓진술만을 근거하여 피고인에 대하여 상해죄의 성립을 인정하였으나 이는 수사미진으로 인하여 사실관계가 전혀 입증되지 않았음에도 원심은 사실관계를 오인하여 부당한 판결을 하였습니다.

3. 결론

이 사건 공소사실은 합리적인 의심을 넘어 수사가 제대로 이루어지지 않아 입증이 전혀 되지 않았음에도 불구하고 원심은 사실관계를 오인하여 부당한 판결을 하였는바, 이상과 같은 항소이유를 참작하시어 제1심 판결을 취소한 후 피고인에게 무죄의 판결을 내려주실 것을 부탁드립니다.

소명자료 및 첨부서류

1. 증 제7호증   진단서

1. 증 제8호증   의사소견서

1. 증 제9호증   부상부분의 사진

○○○○ 년 ○○ 월 ○○ 일

위 항소인(피고인) : ○ ○ ○   (인)

광주지방법원 형사항소○부 귀중

(2)형사사건 항소이유서 - 강제추행죄 피해자에게 폭행이나 협박을 수반하지 않아 무
　　죄주장

항 소 이 유 서

사 건 번 호 : ○○○○고단○○○○호　　강제추행

피고인(항소인) : ○　　　　○　　　　○

○○○○ 년 ○○ 월 ○○ 일

위 피고인(항소인) : ○　○　○　　(인)

광주지방법원 형사항소○부 귀중

항 소 이 유 서

1. 항소인(피고인)

성 명	○ ○ ○		주민등록번호	생략
주 소	광주광역시 ○○구 ○○로 ○길 ○○○, ○○○호			
직 업	회사원	사무실 주 소	생략	
전 화	(휴대폰) 010 - 1278 - 0000			
사건번호	○○○○형제○○○○호 강제추행			

　피고인(항소인)은 광주지방법원 ○○○○○고단○○○○호 강제추행 피고사건에 대하여 다음과 같이 항소이유를 개진합니다.

<h1>- 다 음 -</h1>

1. 사건의 개요

원심에서는 피고인에게 판시 범죄 사실을 모두 인정하고, 징역 8월에 집행유예 2년을 선고하였는바, 그 판시사실의 요지는 다음과 같습니다.

피고인이 ○○○○. ○○. ○○. 03:30경 광주광역시 ○○구 ○○로○○길에 있는 술집 안에서 다른 일행들이 담배 피우러 잠시 나간 사이 갑자기 피해자 ○○○ (여, 25세)와 입맞춤을 하고 가슴을 만져 강제추행하고, 이어 04:30경 위 술집 앞길에서 피해자와 입을 맞추고 가슴을 만지는 등 피해자를 강제추행한 혐의가 인정되어 징역 8월에 집행유예 2년을 선고한다는데 있습니다.

그러나 피고인은, 피해자의 양해를 얻어 입맞춤 등을 하였으므로 강제추행이 아니고, 피해자가 내심 거부의사가 있었다 하더라도 명시적 의사표시를 하지 않아 피고인은 피해자가 승낙한 것으로 오신하였으므로 강제추행 죄가 성립하지 않는 것입니다.

2. 이 사건의 실체

가. 판례에 의하면 강제추행 죄는 폭행 또는 협박을 가하여 사람을 추행함으로써 성립하는 것으로서 그 폭행 또는 협박은 피해자의 저항을 곤란하게 할 정도일 것이어야 하며, 그리고 그 폭행 등이 저항을 곤란하게 할 정도의 것이었는지 여부는 그 폭행 등의 내용과 정도는 물론 유형력을 행사하게 된 경위, 피해자 와의 관계, 추행 당시와 그 후의 정황 등 모든 사정을 종합하여 판단하여야 한다.(대법원 2007. 1. 25. 선고 2006도5979 판결 등 참조).

나. 이 사건 수사기록을 보면 다음과 같은 사실이 인정됩니다.

(1) 피고인은 ○○○, ○○○과 함께 ○○○○. ○○. ○○. 오전 1시경 술을 마시다가 피해자 일행 3명을 우연히 만나 함께 술을 마시게 되었습니다.

○○○는 오전 3시경 담배를 피우기 위해 술집 밖으로 나갔는데 피해자가

뒤따라 나왔습니다. ○○○는 술집 앞에서 피해자와 입맞춤을 하고 오른손을 피해자의 질 안에 넣는 등 유사성교행위를 하였습니다.

(2) 오전 3시 30분경 함께 있던 일행들이 담배를 피우기 위해 밖으로 나가자 피고인은 피해자와 입맞춤을 하고 가슴을 만졌습니다.

당시 피해자 일행 중 한 사람이 이 모습을 보았지만 피해자가 저항하지 않아 강제로 추행한다는 생각을 하지 못했다고 진술하고 있습니다.

오전 4시 이후 일행들이 귀가하기 시작하였고, 피고인은 오전 4시 30분경 피해자와 마지막으로 술집에서 나왔습니다.

피고인과 피해자는 함께 일행을 찾으며 돌아다녔는데, 도중에 피고인이 피해자와 입맞춤을 하고 가슴을 만졌습니다.

(3) 피고인과 피해자는 피고인의 일행 ○○○을 만났고, 피고인은 귀가하였습니다.

피해자는 피고인과 헤어진 뒤 ○○○을 따라갔고, ○○○은 오전 6시 30분경 피해자와 모텔에 들어가 성관계를 하였습니다. ○○○은 오전 9시 30분경 귀가했고, 피해자는 오전 10시경 모텔에서 나와 해바라기 아동센터에 가서 성폭행을 당하였다고 신고하였습니다.

(4) 수사결과 ○○○은 강간 등 혐의로 기소되었고, 피고인과 ○○○에 대하여는 기소유예처분이 내려졌습니다. 그런데 ○○○은 20○○. ○○. ○○. 광주지방법원에서 무죄를 선고받았고 이 판결은 확정되었습니다.

○○○에 대한 무죄판결의 이유는 ① 피해자가 ○○○, 피고인, ○○○순서로 강제추행 및 강간 등 피해를 입었다고 하면서도 적극적으로 반항하거나 소극적으로라도 거부의사를 표시하지 않았으며, 피해자 일행에게도 피해사실을 말하지 않았고, ② 피해자는 ○○○과 모텔에 들어갈 때까지 2시간가량 길에서 있으면서 귀가하지 않았고 오히려 집에 가려는 ○○○을 못가게 막았으며, 모텔에 들어갈 때도 아무 저항 없이 함께 들어가 탈출 시

도 등을 하지도 않았던 사정 등을 종합하여 보면, 강제로 추행 등을 당하였다는 피해자의 진술은 믿기 어렵고 달리 공소사실을 인정할 증거가 없다는 것이었습니다.

다. 위와 같이 피고인과 피해자가 만나 입맞춤 등 신체 접촉을 하게 된 경위와 그 뒤 상황 등을 종합하여 보면, 이 사건에서도 피고인이 강제로 자신을 추행하였다는 피해자의 진술은 믿기 어렵습니다. 피해자의 진술을 제외하면 피고인이 피해자의 반항을 곤란하게 할 정도의 폭행·협박을 하고 피해자를 추행하였다는 사실을 인정할 수 있는 증거가 없습니다.

수사기록에 의하면 이 사건 추행은 기습추행으로서 추행 자체가 피해자의 의사에 반하는 유형력의 행사인 이상 강제추행 죄가 성립한다는 의견을 제시하고 있습니다.

그러나 피고인은 피해자와 함께 이야기를 하다가 입맞춤을 하고 가슴을 만졌고, 피해자도 저항의 뜻으로 어깨를 밀었다는 진술을 할 뿐 기습적으로 추행을 당했다는 말은 하지 않고 있습니다.

따라서 피고인의 행위가 기습적 추행행위로서 그 추행 자체가 폭행에 해당한다고 볼 수도 없습니다.

그렇다면 폭행·협박을 수반하지 아니한 피고인의 행위가 피해자의 내심의 의사에 반한다는 이유만으로 강제추행 죄가 된다고 볼 수도 없습니다.

3. 결론

이 사건 공소사실은 합리적인 의심을 넘어 기습적 추행행위로서 그 추행 자체가 폭행에 해당한다고 볼 수 없음에도 불구하고 피고인의 행위가 피해자의 내심의 의사에 반한다는 이유만으로 강제추행 죄가 된다고 결정하였음에도 불구하고 원심은 사실관계를 오인하여 부당한 판결을 하였는바, 제1심 판결을 취소하고 피고인에게 무죄의 판결을 내려주실 것을 부탁드립니다.

소명자료 및 첨부서류

1. 증 제3호증   확정된 무죄판결문

○○○○ 년 ○○ 월 ○○ 일

위 항소인(피고인) : ○ ○ ○   (인)

광주지방법원 형사항소○부 귀중

(3)형사사건 항소이유서 - 업무방해죄 집행유예선고 사실관계 오인판단 불복 항소 후 무죄주장

항 소 이 유 서

사 건 번 호 : ○○○○고단○○○○호   업무방해

피고인(항소인) : ○   ○   ○

○○○○ 년 ○○ 월 ○○ 일

위 피고인(항소인) : ○ ○ ○   (인)

인천지방법원 형사항소2부 귀중

항 소 이 유 서

1. 항소인(피고인)

성 명	○ ○ ○	주민등록번호	생략
주 소	인천광역시 ○○구 ○○로 ○길 ○○○, ○○○호		
직 업	건축업	사무실 주 소	생략
전 화	(휴대폰) 010 - 4567 - 0000		
사건번호	○○○○형제○○○○호 업무방해		

　피고인(항소인)은 인천지방법원 ○○○○○고단○○○○호 업무방해 위 사건에 대하여 ○○○○. ○○. ○○. 제출한 항소와 관련하여 다음과 같이 항소이유를 개진합니다.

<h1 align="center">- 다 음 -</h1>

1. 사건의 개요

원심에서는 피고인에게 판시 범죄 사실을 모두 인정하고, 징역 8월에 집행유예 2년을 선고하였는바, 그 판시사실의 요지는 다음과 같습니다.

피고인은 ○○○○. ○○. ○○. 08:00경부터 같은 날 17:00경까지 인천광역시 강화군 강화읍 ○○로 ○○ 자신이 운영하는 ○○식품 주식회사 진입로에서 건물 임차인인 피해자 ○○○과 임대차기간 동안 발생한 금전 정산 문제로 마찰이 되었다.

이에 피고인 회사 소유의 ○○버○○○○호 포터 탑차를 진입로에 세워 차량이 통행을 못하게 막아 피해자 ○○○이 운영하는 '○○푸드'의 야채배송과 피해자 ○○○이 운영하는 '○○전동 지게차'의 지게차 회수를 못하게 하여 위력으로 타인의 업무를 방해한 혐의가 인정되어 징역 8월에 집행유예 2년을 선고하데는데 있습니다.

2. 사실관계

가, '○○푸드'를 운영하던 피해자 ○○○은 이미 ○○식품 주식회사(이하 이 사건 "○○식품"이라고 합니다)로부터 임차한 ○○식품 부지 내 60평형 건물 2동(이하 "이 사건 건물"이라 합니다)에서 '○○푸드'의 집기를 반출해갔고, 공장 가동도 중단한 상태였습니다.

나, 사건 당일에도 '○○푸드'의 직원들은 출근하지 않았으며, 이 사건 건물은 쓰레기만 남아있을 뿐 텅 비어있었으므로 그 당시 계속되고 있던 '○○푸드'의 영업이 있었다고 볼 수 없습니다.

다, 따라서 피고인이 이 사건 건물의 진입로를 막더라도 더 이상 방해할 업무가 없었으므로 피해자 ○○○에 대한 업무방해죄는 성립하지 않습니다.

라, 또한 피해자 ○○○의 다른 채권자들이 이 사건 건물 내 지게차를 압류한 상황이어서 이 사건 건물의 임대인인 피고인으로서는 압류된 물건을 안전하게 관리하기 위한 목적으로 피해자 ○○○이 임의로 지게차를 가져가는 것을 막았을 뿐이므로 피해자 ○○○에 대한 업무방해죄도 성립하지 않습니다.

3. 피해자의 주장

가, 피해자 ○○○이 운영하던 '○○푸드'의 공장이 가동되지 않고 있었다 하더라도 그 안에 양배추와 감자가 남아있어 식품관련 영업을 할 수 있었으므로 보호가치 있는 야채배송업무가 여전히 존재하였다고 볼 수 있다.

나, 또한 피고인이 피해자 ○○○으로 하여금 지게차를 가져가지 못하게 한 것이 다른 채권자들에 의해 압류된 지게차를 가져가지 못하도록 하기 위한 것이었다 하더라도 그것은 타인의 청구권을 보전하기 위한 것으로서 자구행위가 성립할 수 없고, 자신의 임대차보증금채권 등을 보전하기 위해서는 민사소송 등 다른 법정절차를 통해 구제받을 수도 있었으므로 자구행위로 볼 수 없다는데 있습니다.

4. 이 사건의 실체

가, 피고인은 ○○식품의 사내이사이고, 피해자 ○○○은 ○○식품으로부터 이 사건 건물을 임차하고 있는 '○○푸드'의 실제 운영자입니다.

나, ○○식품은 ○○○○. ○○. ○○. 및 같은 달 ○○. 두 번에 걸쳐 '○○푸드'에 대해 임대차기간만료(○○○○. ○○. ○○.)에 따른 해지 통고를 하면서 그동안 차임 및 공과금 합계 약 ○,○○○만 원이 연체된 사실을 알리고, 원상회복과 건물을 인도할 것을 통보하였던 것입니다.

다, 피고인은 사건 당일인 ○○○○. ○○. ○○. 08:00경부터 17:00경까지 이 사건 건물의 유일한 진입로를 포터 탑차로 막아 차량이 통행할 수 없었고, ○○ 전동 지게차 대표라고 주장하는 피해자 ○○○이 '○○푸드'에 임차해주었던 지게차를 같은 날 15:00부터 16:30경까지 이 사건 건물 부지 밖으로 가지고 가지 못하였습니다.

라, 이 사건 발생 전 피해자 ○○○은 이 사건 건물 안에 있는'○○푸드'의 집기를 반출하여 사건 당일 이 사건 건물에는 감자와 양배추 십여 통, 빈 박스와 쓰레기가 곳곳에 널려있었고, 냉장고도 가동이 멈춘 상태였습니다.

5. 업무방해죄 성립여부

가, 피해자 ○○○ 부분

1) 사건 당시'○○푸드'의 영업이 사실상 종료되어 더 이상 업무방해죄의 보호 대상이 되는 업무가 없습니다.

2) 사건 당일은 ○○식품과'○○푸드'사이의 임대차계약기간이 이미 만료된 후 였고,'○○푸드'의 실제 운영자인 피해자 ○○○이 이 사건 건물에서 대형 냉장고, 컨테이너, 지게차를 제외한 나머지 설비와 집기를 반출하여 이 사건 건물에는 감자와 양배추 십여 통 외에 빈 박스와 쓰레기가 남아있을 뿐이었으며, 냉장고 전원이 꺼져있어 공장이 가동되고 있지는 않았음은 물론입니다.

3) 이러한 상황에서 검찰에서는 피해자 ○○○에게 보호가치 있는 업무가 존재하였는지를 판단하려면'○○푸드'가 이행하기로 되어 있는 야채배송업무의 유무, 배송일시·거래처·배송 물 등 야채배송계약의 내용, 보관되어 있던 감자와 양배추의 상태와 같은 구체적인 배송준비상황과 진행경과가 밝혀져야 하고, 냉장고 가동 중단 시기 및 그 이유, 이 사건 건물에서 반출한 설비의 품목, 반출시기 및 구체적인 경위,'○○푸드'직원들의 출근 상태 등에 대한 조사가 필요함에도 이에 대한 조사자체가 이루어지지 않았습니다.

4) 이러한 부분에 대한 조사 없이 피해자 ○○○의'야채배송업무를 하려 하였다'는 주장만으로 업무방해죄의 보호대상인 야채배송업무가 존재하였다고 단정하기 어렵고, 나아가 이를 방해한다는 피고인의 고의 역시 인정할 수 없습니다.

나, 피해자 ○○○ 부분

　　1) 피고인은 이 사건 지게차가 ○○농산(주)에 의해 압류된 것으로 알았기 때문에 신원을 모르는 사람인 피해자 ○○○이 함부로 가져가지 못하게 하였을 뿐 그의 지게차회수업무를 방해한 것이 아닙니다.

　　2) 이 사건 수사기록을 살펴보면, 이 사건 지게차의 실제 압류 여부, 그 소유관계를 확인할 수 있는 구체적인 자료 또한 전혀 제출되어 있지 않습니다.

　　3) 피해자 ○○○이 사건 당시 지게차의 소유권자임을 입증할 수 있는 자료를 피고인에게 제시하였다는 점도 기록상 전혀 나타난 바가 없습니다.

　　4) 그런데 피고인이 이 사건에 이미 제출한 자료(인천지방법원 ○○○○본○○○○호)에 의하면 이 사건 건물 내에 있던 지게차가 압류되었던 사실이 인정되고 있습니다.

　　5) 검찰에서는 그 압류일시와 대상에 대해 보다 면밀히 조사하여 이 사건 지게차가 당시 압류된 것이 맞았는지 여부를 밝히고, 그 법적 효과를 살펴봄으로써 피해자 ○○○에게 업무방해죄의 보호가치 있는 지게차회수업무가 존재하였는지 여부, 나아가 피고인에게 업무방해의 고의를 인정할 수 있는지 여부를 구체적으로 밝혔어야 합니다.

　　6) 이러한 부분에 대한 조사 없이 피해자 ○○○의 지게차회수업무가 업무방해죄의 보호가치 있는 업무에 해당한다고 단정하기 어렵고, 이를 방해한다는 피고인의 고의 역시 인정할 수 없는 것입니다.

다, 소결

　　결국 이 사건 기록만으로는 업무방해죄의 보호대상인 업무가 존재한다거나, 피고인에게 업무방해의 고의를 인정하기에 부족함에도 불구하고 판시사실에서는 피고인에 대하여 업무방해죄의 성립을 인정하고 이를 전제로 이 사건을 유죄로 인정하고 피고인에게 징역 8월에 집행유예 2년을 선고하였습니다.

　　따라서 이 사건에는 그 결정에 영향을 미친 중대한 수사미진 또는 법리오해의 잘못이 있으며, 그로 인해 피고인에게 유죄가 선고되었으므로 원심을 파기하여 무죄를 선고하여야 할 것입니다.

6. 결론

이 사건 공소사실에 대해서는 합리적인 의심을 넘어 수사가 제대로 이루어지지 않아 입증이 전혀 되지 않았음에도 원심은 사실관계를 오인하여 부당한 판결을 하였는바, 이상과 같은 항소이유를 참작하시어 제1심 판결을 취소한 후 피고인에게 무죄의 판결을 내려주실 것을 부탁드립니다.

소명자료 및 첨부서류

1. 증 제7호증   압류조서등본

○○○○ 년 ○○ 월 ○○ 일

위 피고인(항소인) : ○ ○ ○ (인)

인천지방법원 형사항소2부 귀중

항 소 이 유 서

사 건 번 호 : ○○○○고단○○○○호   사기방조 등

피고인(항소인) : ○   ○   ○

○○○○ 년 ○○ 월 ○○ 일

위 피고인(항소인) : ○ ○ ○   (인)

대전지방법원 홍성지원 귀중

항 소 이 유 서

1. 항소인(피고인)

성 명	○ ○ ○		주민등록번호	생략
주 소	충청남도 보령시 ○○로 ○○길 ○○, ○○-○○○호			
직 업	상업	사무실 주 소	생략	
전 화	(휴대폰) 010 - 2389 - 0000			
사건번호	○○○○형제○○○○호 사기방조 등			

　피고인(항소인)은 대전지방법원 홍성지원 ○○○○고단○○○○호 사기방조 등 위 사건에 대하여 다음과 같이 항소이유를 개진합니다.

- 다 음 -

1. 사건의 개요

가. 피고인은 ○○○○. ○○. ○○. 대전지방법원 홍성지원 ○○○○고단○○○○호 사기방조 및 국민건강보험법위반 혐의로 벌금 5,000,000원을 선고받았으나, 그 판시사실의 요지는 다음과 같습니다.

피고인의 시누이인 ○○○이 ○○○○. ○○. ○○. 충청남도 보령시 ○○로에 있는 ○○의원에서 당뇨병 치료를 받으면서 피고인의 주민등록번호를 제시하여 이에 속은 피해자 국민 건강보험공단 ○○지사로부터 보험급여 ○○,○○○원을 지급받은 것을 비롯하여 그 때부터 ○○○○. ○○. ○○. ~ ○○○○. ○○. ○○.까지 ○○○회에 걸쳐 국민건강보험공단 ○○지사로부터 보험급여 합계 ○,○○○,○○○원을 교부받아 편취함에 있어, 피고인은 ○○○에게 주민등록번호를 제공함으로써 범행을 용이하도록 도와주어 사기를 방조하고, 거짓이나 그 밖의 부정한 방법으로 타인으로 하여금 보험급여를 받게 한 혐의가 인정되어 벌금 5,000,000원에 처한다는데 있습니다.

2. 피고인의 주장 요지

피고인은 시누이인 ○○○에게 주민등록번호를 알려준 사실이 없기 때문에 사기방조나 국민건강보험법위반이 아니므로 무죄입니다.

3. 이 사건의 실체

가, 이 사건 수사기록에 의하면 다음과 같은 사실이 인정되고 있습니다.

나, ○○○은 ○○○○. ○○. ○○.경부터 ○○○○. ○○. ○○.경까지 올케인 피고인의 주민등록번호를 이용하여 ○○의원에서 지병인 당뇨병의 진료를 받고, 국민건강보험공단 ○○지사로부터 총 ○○○회에 걸쳐 ○,○○○,○○○원 상당의 보험급여를 지급받았습니다.

다, ○○○이 피고인의 주민등록번호를 이용하여 진료를 받은 경위와 관련하여 ○○○의 진술과 피고인의 진술은 상반됩니다.

라, ○○○은 ○○○년경 남편인 ○○○와 이혼을 하려고 집을 나와 혼자 생활하게 되었는데, 진료를 받고 나면 통지서가 남편의 주소지로 배달이 되어 남편이 병원에 찾아와 여러 차례 소란을 피웠고, 남편이 병원을 찾아와 소란을 피우지 못하도록 하기 위하여 ○○○○. ○○. ○○.경 피고인에게 전화로 이와 같은 사정을 설명하고 주민등록증을 빌려 주면 병원 치료를 받는데 사용하겠다고 부탁을 하였으며, 피고인은 알았다고 하면서 주민등록번호를 불러 주었다고 진술하였습니다.

한편, 피고인은 경찰 조사 단계에서부터 일관되게 ○○○에게 주민등록번호를 알려 준 사실이 없다거나 정확한 기억이 없다고 진술했습니다.

마, 피고인은 ○○○○. ○○. ○○. 감기로 병원에 진료를 받으러 갔다가 피고인은 진료를 받지 아니하였는데도 누군가 자신의 이름으로 고혈압 및 당뇨병 진료를 받은 사실이 있다는 것을 알고, ○○○○. ○○. ○○. 국민건강보험공단 ○○지사에 건강보험증 등이 도용당했다는 취지로 피해 사실을 신고하였던 것입니다.

사, ○○○은 ○○○○. ○○. ○○. 이혼을 하였고, ○○○○. ○○. ○○.부터는 자신의 명의로 진료를 받고 있었습니다.

4. 수사미진

가, ○○○은 피고인에게 주민등록증을 빌려 주면 병원 치료를 받는데 사용하겠다고 설명을 한 후 피고인으로부터 주민등록번호를 제공받아 진료를 받았다고 진술하고 있으나, 피고인은 ○○○에게 주민등록번호를 제공한 사실이 없다고 진술하여 범행을 부인하고 있으므로, 피고인의 혐의를 인정할 수 있는 유일한 증거인 ○○○의 진술이 과연 신빙성이 있는지 여부가 이 사건의 문제입니다.

나, ○○○은 남편과 이혼을 하기 위해 집을 나와 혼자 생활하고 있는데, 진료를 받고 나면 진료 사실을 통지받은 남편이 병원에 찾아와 소란을 피워 남편이 병원에 찾아와 소란을 피우지 못하도록 하기 위하여 피고인에게 전화로 위와 같은 사정을 설명하고 피고인으로부터 주민등록번호를 제공받은 것이라고 진술하고 있으나, 통상의 경우 병원에서 진료를 받더라도 진료 사실이 주거지로 통지되지도 않는 것이 보통이고, 통지가 되었다고 하더라도 ○○○의 남편이 병원에서 소란을 피운 이유가 불분명하여 ○○○이 피고인의 명의로 진료를 받은 이유가 쉽게 납득하기 어려운 점입니다.

다, ○○○이 ○○○○. ○○. ○○. 남편과 이혼을 하였음에도 ○○○○. ○○. ○○.까지 피고인의 명의로 계속 진료를 받았으며, 피고인이 국민건강보험공단 ○○지사에 신고를 하고 난 이후인 ○○○○. ○○. ○○.부터 자신의 명의로 진료받기 시작한 점이 석연찮습니다.

피고인과 ○○○이 올케와 시누이 사이로서 ○○○○년경 ○○○이 남편과 싸운 후 피고인의 집에서 같이 생활하기도 하였던 점, 피고인은 경찰 조사 단계에서부터 일관되게 주민등록번호를 제공한 사실이 없다거나 오래되어 정확한 기억이 나지 않는다고 진술하여 범행을 부인하고 있는 점, 피고인이 ○○○에게 주민등록번호를 알려주었다면 건강보험증 등이 도용당했다는 취지로 국민건강보험공단 ○○지사에 신고할 이유가 없는 점 등에 비추어 보면 ○○○이 피고인의 주민등록번호를 임의로 사용했을 가능성을 배제할 수 없으므로 ○○○의 진술은 그대로 믿기 어렵다 할 것입니다.

라. 소결

검찰은, 피고인이 ○○○에게 주민등록번호를 알려주었는지 여부를 분명히 밝히기 위해서 피고인, ○○○ 등을 상대로 ① ○○○이 자신의 명의로 진료를 받지 못하게 된 이유, ② ○○○이 피고인의 명의로 진료를 받게 된 경위, ③ 피고인이 ○○○의 명의 도용 사실을 알 수 있을 만한 사정이 존재하는지 여부 (국민건강보험공단으로부터의 통지 여부), ④ 피고인이 명의 도용 사실을 알고 신고를 하게 된 경위 등에 대하여 면밀히 조사했어야 함에도 불구하고, 이에 이르지 아니한 채 ○○○의 진술 만에 근거하여 피고인에게 사기방조 및 국민

건강보험법위반죄의 성립을 인정하고 이 사건 기소처분을 하였으니, 이는 수사미진으로 인한 자의적인 검찰권의 행사라 아니할 수 없으며, 그로 말미암아 피고인에게 유죄가 인정되어 벌금 5,000 ,000원을 선고한 것입니다.

5. 결론

이 사건 공소사실에 대해서는 합리적인 의심을 넘어 수사 또한 제대로 이루어지지 않아 범죄혐의 입증이 전혀 되지 않았음에도 원심은 사실관계를 오인하여 부당한 판결을 하였는바, 이상과 같은 항소이유를 참작하시어 제1심 판결을 취소한 후 피고인에게 무죄의 판결을 내려주실 것을 부탁드립니다.

소명자료 및 첨부서류

1. 증 제4호증   국민건강보험공단에 신고

1. 증 제5호증   위 통지서

○○○○년 ○○ 월 ○○ 일

위 피고인(항소인) : ○ ○ ○ (인)

대전지방법원 홍성지원 귀중

항 소 이 유 서

사 건 번 호 :　○○○○고단○○○○호　　퇴거불응

피고인(항소인) :　○　　　　○　　　　　○

○○○○ 년 ○○ 월 ○○ 일

위 피고인(항소인) :　○　○　○　　(인)

청주지방법원 형사항소○부 귀중

항 소 이 유 서

1.항소인(피고인)

성 명	○ ○ ○	주민등록번호	생략
주 소	청주시 ○○구 ○○로 ○○길 ○○, ○○-○○○호		
직 업	상업	사무실 주 소	생략
전 화	(휴대폰) 010 - 6789 - 0000		
사건번호	○○○○형제○○○○호 퇴거불응		

피고인(항소인)은 청주지방법원 ○○○○고단○○○○호 퇴거불응 피고사건에 대하여 다음과 같이 항소이유를 개진합니다.

- 다 음 -

1. 사건의 개요

가, 피고인은 ○○○○. ○○. ○○. 청주지방법원 ○○○○고단○○○○호 퇴거불응으로 벌금 4,000,000원을 선고받았는바, 판시사실의 요지는 다음과 같습니다.

피고인은 ○○○○. ○○. ○○. ○○:○○경 청주시 ○○구 ○○로○○길 ○○, ○○빌딩 2층에 있는 피해자가 운영하는 피시방에 들어가, 위 빌딩 화장실에서 담배를 피운 사람을 찾는다는 이유로 내부를 배회하며 손님들의 얼굴을 확인하였고, 이에 피해자가 수차례 퇴거요구를 하였음에도 불구하고 계속하여 정당한 이유 없이 퇴거요구에 불응한 혐의 인정되어 벌금 4,000,000원에 처한다는데 있습니다.

2. 사실관계

가, 피고인은 피해자의 퇴거요구를 받고 바로 피시방에서 나가려고 하였지만 피해자가 시비를 걸어 퇴거를 할 수 없었으므로, 피고인에게 유책한 퇴거불응이 있다고 볼 수 없어 피고인의 행위는 퇴거불응죄에 해당하지 않습니다.

나, 가사 피고인의 행위가 퇴거불응죄에 해당한다 하더라도, 화장실에서의 계속되는 흡연으로 피고인은 학원 운영에 계속적인 피해를 입은 반면 화장실을 공동으로 사용하는 피해자는 흡연 단속에 소극적이어서 피고인 스스로 흡연을 제지하기 위해 피해자의 피시방에 들어간 것이며, 피고인의 행위로 인해 피시방 영업에 특별한 피해가 발생하였다고 보기 어렵고, 피고인이 피해자의 피시방에 머문 시간 또한 매우 짧다는 점 등을 고려하면 정당행위에 해당합니다.

3. 퇴거불응죄의 성립요건

가, 퇴거불응죄는 주거, 건조물 등에서 퇴거요구를 받고 응하지 아니하는 경우에 성립하는데, 퇴거요구를 받고 응하지 아니한다는 것은 타인의 주거, 건조물 등에 적법하게 또는 과실로 들어간 자가 거주자 등의 퇴거요구를 받고 이에 응하여야 할 책임이 있음에도 그 장소에서 퇴거하지 아니하는 것을 의미한다. 이때 퇴거 요구를 받은 자는 객관적·주관적으로 퇴거요구에 응할 수 있는 상태에 있을 것을 요하며, 유책한 지체가 있게 되면 퇴거불응에 해당하게 됩니다.(헌재 2012. 4. 24. 2011헌바48 참조).

나. 증거관계

(1) 피해자 진술조서

피해자는 피고인이 피고인의 학원과 피해자의 피시방이 공동으로 사용하는 화장실에서 담배를 피운 사람을 찾는다며 피해자의 피시방에 들어와 손님들을 둘러보면서 돌아다니므로 나가달라고 요구하였으나, 피고인은 2-3분 정도 계속하여 피시방을 돌아다니다가 피해자가 등을 밀면서 나가라고 하자 그제야 밖으로 나갔다고 진술하고 있습니다.

(2) 피고인의 신문조서

피고인은 자신의 학원과 피해자의 피시방이 공동으로 사용하는 화장실에서 걸레를 빨고 있던 중, 담배를 피우고 나가는 사람이 있어 그 사람을 확인하기 위해 피해자의 피시방에 들어갔습니다.

피고인은 피해자에게 방금 들어온 사람에 대해 물었으나 피해자가 모른다고 대답하자, 담배를 피운 사람을 확인하기 위해 피시방 안을 둘러보았고 인상착의가 비슷하다고 생각한 손님 쪽으로 다가갔습니다.

이에 피해자가 피고인에게 나갈 것을 요구하여, 피고인은 바로 나가려고 하였으나, 그 과정에서 피해자가 시비를 걸어 말다툼이 일어나 바로 나오지 못하였던 것입니다.

피고인이 피시방을 둘러본 시간은 10초 정도이며, 피해자와의 말다툼으로 인하여 지체된 시간까지 계산하여도 피시방 안에 머문 시간은 30초 정도에 불과합니다.

(3) 그 밖의 증거자료

○○○의 진술서에는 피고인이 피시방 안을 돌아다니면서 손님들 얼굴을 살폈다고 기재되어 있습니다.

경찰관 작성의 현장임장 및 인지경위서에 의하면 피고인이 출동한 경찰관들에게 담배를 피운 사람을 찾기 위해 피시방 안을 돌아다녔다고 진술하였음이 명백하게 기재되어 있습니다.

한편 즉결심판청구서 및 즉결심판결정문에 의하면, 청주경찰서장이 피고인에 대해 업무방해로 즉결심판을 청구하였으나 즉결심판절차에 의하여 심판함이 적당하지 아니하다는 이유로 기각된 사실도 있었습니다.

다. 소결

(1) 위와 같은 인정사실에 의하면, 피고인이 화장실에서 담배를 피운 사람을 확인하기 위해 피해자의 피시방에 들어가 사람들의 얼굴을 살폈고 이에 피해자가 피고인에게 나갈 것을 요구한 사실은 충분히 인정되고 있습니다.

그러나 피고인은 피해자의 퇴거 요구에 따라 바로 나가려고 하였으나 그 과정에서 피해자와의 사이에 말다툼이 발생하여 바로 나오지 못하였으므로 자신에게 유책한 지체가 없었고, 따라서 피고인의 행위는 퇴거불응에 해당하지 않습니다.

따라서 ○○○의 진술서에는 피고인이 피시방 안을 돌아다니면서 손님들 얼굴을 살폈다고만 기재되어 있을 뿐 피고인의 유책한 지체가 있었음을 뒷받침할 만한 내용을 담고 있지 않을 뿐만 아니라, 경찰관 작성의 현장임장 및 인지경위서, 즉결심판청구서 및 즉결심판결정문 또한 피고인의 피의사실을 뒷받침한다고 볼 수 없습니다.

그렇다면 피고인의 피의사실을 인정할 만한 증거는 피해자의 진술조서뿐인데, 피해자의 진술에 의하더라도 피고인이 피해자의 피시방에 머문 시간은 2~3분 정도에 불과하고 그 직후 피해자의 요구로 퇴거하였으므로 이것만으로 피고인에게 유책한 퇴거 지체가 있었다고 단정하기는 어렵습니다.

(2) 그럼에도 불구하고, 검찰에서는 피고인이 어떠한 사유로 퇴거를 지체하였는지, 피고인이 퇴거를 지체한 시간이나 피해자의 피시방에 머문 시간이 얼마나 되는지 등에 대하여, 목격자, CCTV 등을 통한 추가적인 수사를 하지 아니한 채 이 사건 퇴거불응죄에 대한 법리오해 및 그 결정에 영향을 미친 중대한 수사미진 및 자의적 증거판단의 잘못이 있었으나, 원심은 사실관계를 오인하여 부당한 판결을 하고 말았습니다.

4. 결론

이 사건 공소사실에 대해서는 퇴거불응죄에 대한 법리오해 및 그 결정에 미친 중대한 수사미진으로 증거판단에 잘못이 있는 것을 원심에서 사실관계를 오인하여 부당한 판결을 하였는바, 이상과 같은 항소이유를 참작하시어 제1심 판결을 취소한 후 피고인에게 무죄의 판결을 내려주실 것을 부탁드립니다.

소명자료 및 첨부서류

1. 증 제4호증   즉결심판청구서

○○○○년 ○○ 월 ○○ 일

위 피고인(항소인) : ○ ○ ○   (인)

청주지방법원 형사항소○부 귀중

(6)형사사건 항소이유서 - 모욕죄 벌금선고 피고인이 말린 것일 뿐 모욕 아니라며 무
죄주장

항 소 이 유 서

사 건 번 호 : ○○○○고단○○○○호   모욕

피고인(항소인) : ○   ○   ○

○○○○ 년 ○○ 월 ○○ 일

위 피고인(항소인) : ○ ○ ○   (인)

안동지원 형사항소○부 귀중

항 소 이 유 서

1.항소인(피고인)

성 명	○ ○ ○		주민등록번호	생략
주 소	경상북도 영주시 ○○로 ○○길 ○○, ○○○호			
직 업	상업	사무실 주 소	생략	
전 화	(휴대폰) 010 - 1290 - 0000			
사건번호	○○○○형제○○○○호 모욕			

　　귀원에 재판 계속 중인 피고인에 대한 모욕 피고사건에 관하여 피고인(항소인)은 다음과 같이 항소이유를 개진합니다.

- 다 음 -

1. 판시사실

가. 원심은 피고인(항소인)에 대한 공소사실을 모두 유죄로 인정하면서 피고인에 대하여 벌금 1,000,000원에 처한다는 판결을 선고하였는바, 이는 다음에서 보는 여러 사실관계를 종합하면 부당합니다.

나. 이 사건 공소사실에 의하면,

피고인는 ○○○○. ○○. ○○. 18:00경 ○○마트 인터넷 고객만족센터'고객의 소리'란에 ○○전자에서 ○○마트에 파견 나가 있는 직원인 피해자 ○○○에 대하여"밤 고양이, 도둑고양이"라는 표현을 사용함으로써 공연히 피해자를 모욕하였다는데 있습니다.

2. 피고인의 항소요지

가. 피고인이 피해자에 대하여'밤 고양이처럼', '도둑고양이처럼'이라는 표현을 사용한 글을 ○○마트 인터넷 고객만족센터'고객의 소리'란에 게시한 사실은 인정하나, ○○마트에서 ○○전자 판매사원으로 근무하는 피해자 등이 밤에 몰래 피고인의 사무실로 찾아와 사진을 찍어 피고인에게 문자메시지로 보낸 사실이 있어, 피고인은 ○○마트에 위와 같은 피해자의 행위를 항의하기 위하여 피해자의 행위에 대한 점잖은 표현으로서 위와 같은 글을 게시한 것이므로, 위 표현은 모욕에 해당하지 아니합니다.

나. 또한 피고인이 글을 게시한 위'고객의 소리'란은 일반인은 열람할 수 없고 ○○마트의 정직원만이 열람할 수 있으며, ○○마트에서 고객의 민원을 듣고 참작하기 위하여 비공개로 운영하는 곳이므로, 모욕죄의 구성요건인 공연성이 인정되지 않습니다.

3. 수사결과

밤 고양이, 도둑고양이'라는 표현은 피해자에 대하여 경멸의 의사를 표시한 것으로 모욕에 해당하고, 피고인이 위'고객의 소리'란에 작성한 글은 ○○마트의 정직원이라면 누구나 읽을 수 있으므로 공연성이 인정된다며 피고인에게 유죄로 인정하였습니다.

4. 사실관계

가. 모욕죄에서 있어서'모욕'은 사실을 적시하지 아니하고 단순히 사람의 사회적 평가를 저하시킬 만한 추상적 판단이나 경멸적 감정을 표현하는 것을 뜻합니다.

사람의 사회적 평가를 저하시킬 만한 추상적 판단이나 경멸적 감정을 표현하였는지 여부는 추상적·일반적으로 결정될 수 없는 성질의 것이므로 이에 해당하는지 여부는 사회통념과 건전한 상식에 따라 구체적·개별적으로 정해질 수밖에 없습니다.

그리고 모욕에 해당하는지 여부는 피해자의 주관적 감정이 아니라 구체적 상황을 고려한 다음 사회통념에 의하여 객관적 의미와 내용에 따라 판단하여야 하고, 언어 또는 거동이 타인의 명예에 대한 경멸의 의사표시인가를 판단하자면 그것이 표시된 상황, 표시된 장소, 표시의 상대방, 의사표시 전체의 의미관련성 등이 종합적으로 검토되어야 합니다.

나. 이 사건 수사기록에 의하면, ○○전자와 관련된 일을 하는 피고인이 ○○전자의 제품이 아닌 다른 회사의 제품을 구입했다는 이유로 피해자가 한밤중에 제품의 배송지인 피고인의 사무실로 찾아가 사진을 찍어 이를 피고인에게 문자메시지로 보낸 사실, 이에 피고인은 피해자가 근무하는 ○○마트의 인터넷홈페이지 고객만족센터'고객의 소리'란에 피고인의 개인정보가 어떻게 유출되었는지를 주로 항의하면서 피해자에 대하여"밤 고양이처럼 사무실에 와서 사진을 찍고 도둑고양이처럼 사라진다."라는 내용의 글을 게시한 사실, 피고인이 위 글을 게시한'고객의 소리'란은 ○○마트가 고객의 문의나 불편사항을 처리하기

위하여 만든 것으로 그곳에 등록된 글은 일반인들이 열람할 수 없는 사실 등을 알 수 있습니다.

다, 이와 같은 사실에 비추어 보면, 위 게시 글의 객관적인 의미와 내용은 '○○마트에 근무하는 피해자가 피고인이 알려준 적이 없는 개인정보에 해당하는 피고인의 사무실 주소를 어떻게 알게 되었는지를 ○○마트에서 조사해 달라.'는 취지로 봄이 상당하고, 그 중 피해자에 대한 '밤 고양이처럼', '도둑고양이처럼'이라는 표현은 사회통념상 '한밤중에 몰래'라는 의미를 비유한 것에 불과하다고 할 것이어서, 위 표현이 전체적으로 피해자에 대한 사회적 평가를 저하시킬 만한 추상적 판단이나 경멸적 감정을 표시한 모욕에 해당하지 않습니다.

5. 결론

이상과 같이 원심판결은 부당하므로 파기하여 피고인에게 무죄를 선고하여 주시기 바랍니다.

소명자료 및 첨부서류

1. 증 제2호증   게시판 캡처화면

○○○○ 년 ○○ 월 ○○ 일

위 피고인(항소인) : ○   ○   ○   (인)

안동지원 형사항소○부 귀중

(7)형사 항소이유서 - 횡령 피해자와 원만히 합의하고 항소이유서에 반성문을 첨부하여 선처를 간곡히 호소하는 항소이유

항 소 이 유 서

사 건 번 호 : ○○○○노○○○○호 횡령

피고인(항소인) : ○   ○   ○

○○○○ 년 ○○ 월 ○○ 일

위 피고인(항소인) : ○ ○ ○   (인)

수원지방법원 형사항소○부 귀중

항 소 이 유 서

1.항소인(피고인)

성　　명	○ ○ ○	주민등록번호	생략
주　　소	경기도 화성시 ○○로 ○○길 ○○, ○○○-○○○호		
직　　업	무직	사무실 주　소	생략
전　　화	(휴대폰) ○○○ - ○○○○ - ○○○○		
사건번호	○○○○형제○○○○호 횡령		

　　귀원에 재판 계속 중인 피고인에 대한 횡령 피고사건에 관하여 피고인(항소인)은
다음과 같이 항소이유를 개진합니다.

- 다 음 -

1. 피고인은 자백·반성하고 있습니다.

   가. 피고인은 이 사건 공소사실을 인정하고 있습니다. 피고인은 이 사건 1심 공판에서는 공소사실을 부인하였으나, 피고인은 항소심에서는 이 사건 공소사실을 자백하고 있습니다.

   나. 피고인은 1심 공판에서는 피고인이 공소 외 ○○○에게 빌려준 돈을 받아야 한다는 생각에 이 사건 공소사실까지도 부인하였으나, 이 사건으로 법정구속된 이후 자신의 행동이 어리석었음을 깨달았고, 이 사건 범행을 뉘우치고 반성하고 있습니다.

   피고인은 원단사업을 하다가 자금이 부족하게 되어 순간적으로 이 사건 횡령을 한 것에 관하여 깊이 뉘우치고, 후회하고 있습니다.

2. 피고인은 피해자와 합의하였고, 피해자도 선처를 구하고 있습니다.

   가. 피고인은 피해자와 합의하였습니다.

   피고인의 친구이자 피해자 ○○○의 대리인이었던 공소 외 ○○○은 피고인이 법정구속 된 직후 피해자와의 합의를 주선하였고, 피고인은 피해자 ○○○와 합의를 하였습니다. 위 피해자는 이 사건 고소를 취소함과 아울러 피고인에 대한 처벌을 원하지 않고 있습니다(참고 자료 1-1 고소 취소장 및 합의서, 참고 자료 1-2 인감증명서).

   위 합의는'피고인은 위 피해자에게 1,000만원을 지급하되, 피고인이 ○○○ 및 피해자에 대하여 가지는 채권 일체를 포기한다.'하는 조건으로 이루어졌고, 피고인은 피고인이 가지고 있던 차용증 등 채권증서를 ○○○ 등에게 되돌려주었습니다.

   나. 피고인에 대한 피해자 및 인근 상인들이 선처를 탄원하고 있습니다.

피해자 ○○○는 위 합의 과정에서 피고인이 이 사건에 이르게 된 본질적인 원인이 ○○○과의 금전문제이었다는 점 나름대로의 사정이 있었다는 것을 알게 되었고, 피고인에 대하여 선처를 호소하는 탄원을 하고 있고, 피고인과 거래를 해오던 상인들 30여명도 함께 피고인의 석방을 탄원을 하고 있습니다(참고자료 2 탄원서).

3. 기타 피고인의 정상

가. 피고인의 직업 및 가정환경

① 피고인은 시골에서 중학교를 졸업하고 가정형편이 어려워 상급학교인 고등학교의 진학을 포기하고 서울로 상경하였고, 이후 어려운 환경에서도 친척집 등에 거주하면서 ○○시장에서 원단 판매를 하는 일을 배우게 되었고, ○○○○년경부터 원단판매 자영업을 시작하였습니다.

② 피고인은 초기에는 자금사정 등으로 사업실패를 하기도 하였으나, ○○○○년경 ○○○이라는 상호로 원단판매업을 하면서부터는 큰 규모는 아니지만 안정적으로 사업을 영위하고 있습니다(참고자료 3 사업자등록증 사본).

③ 피고인의 가족으로는 처 ○○○(○○세, 가정주부)와 ○명의 아들(첫째 아들 ○○○ 24세는 군복무를 마친 후 가구공장에서 가구제조기술을 연수중이고, 둘째 아들 ○○○ 22세는 군복무 중입니다)이 있고, 피고인은 현재에 이르기까지 한 가족의 지극히 정상적인 가장으로 위 가족들을 부양하고 있습니다.

나. 피고인의 선행

피고인은 평소 사단법인 한국청년회의소(JR클럽)에 가입하여 매년 종합복지관에서 중·경증 장애인을 돌보는 등의 사회봉사활동 및 중·고등학교 학생들에 대한 장학사업을 꾸준히 하고 있고, ○○○○. ○○.경에는 ○○당 ○○갑지구당 위원장인 국회의원 ○○○로부터 "평소 이웃 사랑하는 마음으로 주민화합과 유대증진에 앞장섬으로써 지역사회 발전에 기여한 공이 크다"는 사유로 감사장을 받은 바 있습니다(참고자료 4 감사장).

아울러 피고인은 ○○○○. ○○.경에는 종교단체인 (사)세계로열린선교협의회에 1,500만원에 해당하는 물품을 기부하는 선행을 하기도 하였습니다(참고자료 5 기부금영수증).

다. 피고인의 구속으로 인한 가족 및 사업의 어려움에 처해 있습니다.

① 피고인은 생업으로 원단판매사업을 해오고 있었는데, 이 사건으로 구속되어 사업진행이 사실상 정지됨에 따라 막대한 어려움을 겪고 있습니다. 위 사업과 관련하여 평소의 거래처로부터 원단주문이 계속되고 있는데(참고자료 6 원단의뢰서), 일시적으로는 지인의 도움을 받고는 있으나, 피고인의 구속이 장기화될 경우 피고인의 원단사업은 회복하기 어려운 타격을 입을 것으로 심각하게 우려하고 있습니다.

② 피고인은 매월 약 300만 원 가량의 수입으로 피고인의 집에 대한 임대료, 사무실임대료 및 생활비에 충당하고 있으나, 피고인의 구속으로 인하여 수입은커녕 오히려 고정비용의 손실이 발생하고 있고, 이로 인하여 피고인의 가족 및 직장에 매우 어려운 경제적 곤란이 수반되고 있습니다.

라. 반성문 제출

피고인은 1심 공판에서 이 사건 공소사실을 부인하였으나, 이 사건으로 법정구속 된 이후 자신의 행동이 어리석었음을 깨달았고, 항소심에서는 반성문 까지 제출하였습니다.

4. 결어

이상에서 보신바와 같이 피고인이 이 사건에 이르게 된 것은 원단사업을 하다가 자금이 부족하게 되어 순간적으로 이 사건 횡령에 이르게 되었습니다.

피고인은 이 사건으로 법정구속 된 이후 자신의 행동이 어리석었음을 깨달았고, 이 사건 범행을 뉘우치고 반성하고 다시는 이런 일이 없을 것임을 다짐하고 있습니다.

위와 같은 정상 등을 참작하시어 이번에 한하여 원심을 파기하시고 피고인에게 집행유예의 관용을 베풀어 주시기 바랍니다.

소명자료 및 첨부서류

1. 반성문   1통

○○○○ 년 ○○ 월 ○○ 일

위 피고인(항소인) : ○ ○ ○   (인)

수원지방법원 형사항소○부 귀중

(8)형사 항소이유서 - 폭행 상해 피해자의 일생과 서로 몸싸움한 것으로 선처를 간곡히 호소하는 항소이유 최신서식

항 소 이 유 서

사 건 번 호 : ○○○○노○○○○호 상해

피고인(항소인) : ○   ○   ○

○○○○ 년 ○○ 월 ○○ 일

위 피고인(항소인) : ○ ○ ○   (인)

전주지방법원 형사항소○부 귀중

항 소 이 유 서

1. 항소인(피고인)

성 명	○ ○ ○		주민등록번호	생략
주 소	전주시 ○○구 ○○로 ○○길 ○○, ○○○-○○○호			
직 업	무직	사무실 주 소	생략	
전 화	(휴대폰) ○○○ - ○○○○ - ○○○○			
사건번호	○○○○형제○○○○호 상해			

　　귀원에 재판 계속 중인 피고인에 대한 상해 피고사건에 관하여 피고인(항소인)은 다음과 같이 항소이유를 개진합니다.

- 다 음 -

1. 피고인은 이 사건 공소사실을 모두 인정하며 피고인의 잘못을 깊이 반성하고 있습니다.

2. 피고인의 이 사건 범행은 젊은 혈기에 취중에 우발적으로 저질러진 범행입니다. 피고인은 오랜만에 만난 친구인 공소 외 ○○○가 피해자와 사소한 문제로 시비가 붙어 피해자 일행으로부터 폭행을 당하는 것을 옆에서 보고 순간적으로 격분하여 이 건 범행에 이르게 된 것으로 그 동기에 참작할 만한 점이 있습니다.

   당시 피고인은 상당량의 술을 마셔 만취된 상태여서 경솔하게도 이 건 범행에 이르게 된 것입니다. 정말 죄송합니다.

3. 피고인의 범행 정도에 비추어 제1심에서 선고된 형이 결코 중하다고는 할 수 없을 것입니다.

   그러나 피고인은 이 건 범행 전에 아무런 범법행위를 저지른 바 없는 초범입니다.

   피고인은 자신의 잘못을 깊이 뉘우치고 있습니다.

   또한 피고인은 ○○대학교에 경제학과에 재학 중인 학생입니다. 또한 이 건으로 피고인도 상해를 입었습니다. 피고인은 어려운 가정형편 속에서도 나름대로 성실히 살아오던 학생이었습니다.

   이러한 점을 참작하시어 법이 허용하는 한 최대한의 관용을 베풀어 주시기를 바랍니다.

소명자료 및 첨부서류

1. 재학증명서   1통

○○○○ 년 ○○ 월 ○○ 일

위 피고인(항소인) : ○ ○ ○   (인)

전주지방법원 형사항소○부 귀중

(9)형사 항소이유서 - 폭력행위 등 투병중에 있는 외조부의 육필편지를 첨부해 집행유예로 선서를 호소하는 항소이유서

항 소 이 유 서

사 건 번 호 : ○○○○노○○○○호 폭력행위 등

피고인(항소인) : ○   ○   ○

○○○○ 년 ○○ 월 ○○ 일

위 피고인(항소인) : ○ ○ ○   (인)

인천지방법원 형사항소○부 귀중

항 소 이 유 서

1. 항소인(피고인)

성　　명	○ ○ ○		주민등록번호	생략
주　　소	인천시 ○○구 ○○로 ○○길 ○○, ○○○-○○○호			
직　　업	무직	사무실 주　소	생략	
전　　화	(휴대폰) 010 - ○○○○ - ○○○○			
사건번호	○○○○형제○○○○호 폭력행위 등			

　　귀원에 재판 계속 중인 피고인에 대한 폭력행위 등 피고사건에 관하여 피고인(항소인)은 다음과 같이 항소이유를 개진합니다.

<h1 align="center">- 다 음 -</h1>

1. 원심판결의 양형의 부당성

원심은 피고인이 (가)○○○○. ○○.초순경 ○○파 조직원인 ○○○의 권유로 ○○파라는 범죄단체에 가입한 사실과, (나)○○○○. ○○.중순경 인천시 부평구 소재 ○○모텔에서 같은 공범자 ○○○이 피해자 ○○○에게 현금 ○○○만원과 현금카드 1장, 전기 충격 기 1개를 절취하는 동안 망을 본 행위를 인정하여, 피고인에 대하여 징역 1년의 실형을 선고한바 아래 같은 여러 가지 정상을 참작해볼 때 그 형이 너무 무거워 부당합니다.

2. 정상관계

가. 피고인은 현재 ○○세로, 인천시 강화도에서 태어났으며 강화군 ○○소재 ○○초등학교를 졸업하고, 부모를 따라 인천시 부평구 ○○중학교를 나왔는데, 고등학교를 ○○정보산업고교로 진학했지만 적성에 맞지 않아 부평역주변에 있는 ○○미용학원에 다니기 시작하면서, 사회에 첫 발을 들여놓게 된 것입니다.

나. 이미 중학교 시절 부친이 알루미늄새시 사업을 하다 실패하여 은행의 차압과 빚 독촉에 쫓겨 부모는 이혼하게 되었는데, 이후 피고인은 부친과 살면서 부친의 보호가 미흡했는지 고등학교도 중퇴하는 등으로 홀로 방황하였고, 결국 이건 범죄 단체 가입에 연루된 것입니다.

다. 피고인은 범죄조직은 ○○파의 범죄행적과 그 조직에 대하여는 거의 아는 게 없는 상태에서 단지 남자들의 세계에서, 멋있게 산다는 호감을 갖게 되어 ○○○○. ○○.초순경 한 살 많은 형인 ○○○의 권유로 가입한 것인데, 가입한지 한 달이 채 못 되어 ○○○○. ○○.경 이 사건 특수절도 건이 있었던 것입니다.

라. 위 ○○파에 가입한지 얼마 되지 않아 안면이 익숙한 선배인 ○○○이 ○○○에게 어떤 사채업자(피해자 ○○○)의 신변보호를 해주라고 하였는데, 이때 ○○○이 혼자 다니는 것이 심심하다며 후배인 피고인에게 같이 다니자고 하여

다닌 것입니다.

그러다 얼마 안 있어 ○○모텔에서 피해자가 자고 있을 때, ○○○ 의 주도로 현금 ○○○만 원 등을 훔친 것입니다.

마. 당시 ○○○라는 사채업자를 일주일 내내 따라다니다가 인천시 계양구 ○○로 ○○모텔에서 피해자 ○○○가 방 하나를 쓰고, 피고인과 ○○○이 옆방을 잡아 자던 중 피고인이 ○○○에게 ○○○를 따라 다니는 게 힘들다고 불만을 토로하자, ○○○도 동조한다는 취지의 말을 하고는 "잠깐 있어봐" 하더니, 이때 피고인은 방에 그대로 있는 채, ○○○ 홀로 옆방으로 가서 밤색 반지갑과 승합차 키를 훔쳐 나온 것입니다.

이어 차량에 있던 전기 충격 기를 가지고 나온 것인데, 이것은 이틀 후 떡볶이 집에 놔둔 채로 분실하였습니다.

즉 위 절도 건은 애당초 의도되지 않은 순간의 우발적 범행이며 무엇보다도 피고인이 아닌 ○○○에 의해 저질러진 범행인 것입니다(수사기록 487쪽).

바. 이후 ○○○○. ○○.경 범죄조직으로부터 탈퇴하여야겠다는 생각으로 모진 고초를 겪은 후 이 범죄단체조직으로부터 탈퇴한 것이며, 그 후로는 위 범죄조직과 전혀 관여하지 않은 것입니다.

사. 피고인은 범죄조직 탈퇴이후 보험금과 금전을 노린 범죄행위를 저질러 ○○○○. ○○.경 특수강도죄로 재판을 받았는데 피고인이 나쁜데 물들지 않고 성실하게 살도록 주위 친지들이 있는 인천광역시 강화군 ○○면 ○○로 외조부 댁에 머물게 되어, 성실하게 땀 흘려 살고 있었던 것입니다.

아. 피고인은 ○○○○. ○○.경부터 강화군 ○○면 ○○로에서 외삼촌이 직접 운영하는 건설회사에서 현장 일을 돕는 등으로 범죄와 멀어지도록 노력하여 왔는데, 안타깝게도 이 건은 위 특수강도죄로 인한 집행유예를 받기 전에 일어난 일로 인하여 본인의 그간의 성실하게 살고자 하는 노력이 무위로 돌아가게 될 지경에 놓여 있는 것입니다.

자. 그간 피고인은 돌보던 강화군에 계시는 외조부가 최근 ○○○○. ○○. ○○.경

간경화와 간암 말기증상으로 서울시 목동 소재 이대목동병원에 입원하게 되었는데, 아주 위독한 상태에서도 "○○(피고인)가 차가운 감방에 있는데, ○○얼굴도 못보고 죽겠다"며 그간의 ○○와의 정을 안타깝게 토로하고 있습니다.

차. 2년 전부터 피고인을 돌보던 강화군 ○○면 ○○로의 외삼촌 ○○○도 이건 피고인의 석방을 탄원하며, 피고인이 원래 심성이 착하고 온순하여 자신이 시키는 건축 일에도 적응을 잘 하였는데, ○○○○. ○○.경 잠시 휴가차 인천에 다녀오도록 허락한 뒤, 이건 구속된 사실에 대하여 매우 안타까워하고 있습니다.

카. 피고인은 현재 계속되는 어머니와의 면회를 통하여 자신의 과오를 깊이 반성하며 회오의 눈물을 흘리고 있습니다.

또한 그간 잊혀 질 뻔 했던 친동생의 위로와 격려에 의하여 힘을 얻고 있으며, 외조부의 병환에 대하여도 염려를 하며 석방될 시 예전처럼 강화도에 내려가 외삼촌과 함께 열심히 땀 흘려 공사현장에서 일할 것을 다짐하고 있습니다.

3. 결어

이건 피고인이 범죄단체에 가입하고 절취행위에 가담한 행위로 인하여 실형 1년이라는 적지 않은 형을 선고받은 것에 대하여, 이상과 같은 피고인의 정상과, 외삼촌 등의 탄원과 피고인 본인이 깊이 반성하고 있는 점을 참작하여, 형량을 크게 감량하시어 가정으로 돌아갈 수 있도록 관용을 베풀어 주시기 바랍니다.

소명자료 및 첨부서류

1. 병원에 계시는 외조부께서 작성하신 손 편지   1통

○○○○ 년 ○○ 월 ○○ 일

위 피고인(항소인) : ○ ○ ○   (인)

인천지방법원 형사항소○부 귀중

(10)형사 항소이유서 - 특수절도 등 원심판결은 사실오인 판단으로 양형이 부당하다며 선처를 간곡히 호소하는 항소이유 최신서식

항 소 이 유 서

사 건 번 호 : ○○○○노○○○○호 특수절도 등

피고인(항소인) : ○   ○   ○

○○○○ 년 ○○ 월 ○○ 일

위 피고인(항소인) : ○ ○ ○   (인)

광주지방법원 형사항소○부 귀중

항 소 이 유 서

1. 항소인(피고인)

성 명	○ ○ ○	주민등록번호	생략
주 소	광주시 ○○구 ○○로 ○○길 ○○, ○○○-○○○호		
직 업	무직	사무실 주 소	생략
전 화	(휴대폰) ○○○ - ○○○○ - ○○○○		
사건번호	○○○○형제○○○○호 특수절도 등		

　　귀원에 재판 계속 중인 피고인에 대한 특수절도 등 피고사건에 관하여 피고인(항소인)은 다음과 같이 항소이유를 개진합니다.

- 다 음 -

1. 사실오인의 점

피고인은 이 사건 범행을 부인합니다.

피고인이 ○○역에서 ○○○역으로 진행하는 전동차에 승차하였다가 이 사건 범행 시각 즈음 ○○역에서 하차한 것은 사실이나, 피고인은 원심 판시와 같이 피해자 김○○ 소유의 손지갑을 절취한 사실이 없습니다.

2. 재범의 위험성

원심은 피고인이 이 사건과 동종범죄로 실형 및 보호감호처분을 받은 전력이 4회나 있고, 출소한지 2개월도 되지 않아 다시 같은 종류의 이 사건 범행을 저지른 점에 비추어 습벽 및 재범의 위험성이 있다고 인정하였습니다.

그러나 피고인의 최종 절도 전과는 ○○○○. 전과로서 이미 ○○년이 더 지난 것이고 원심이 지적하고 있는 최종전과는 이 사건과 동종이 아닌 대마관리법위반 전과입니다.

나아가 대법원 판례는 "사회보호법 제5조에 규정된 보호감호요건인 재범의 위험성이라 함은 재범의 가능성만으로는 부족하고, 피감호청구인이 장래에 다시 죄를 범하여 법적 평온을 깨뜨릴 고도의 개연성이 있어야 하고, 그 판단 기준은 피감호청구인의 직업과 환경, 연령, 가족관계, 당해 범행 이전의 행적, 그 범행의 동기, 회수, 수단, 범행 후의 정황, 개전의 정 등 제반 사정을 종합하여 판단하여야 하고, 또 당해 범행이 상습의 습벽에 의한 것이라 하여 재범의 위험성이 반드시 있다고 할 수 없다"라고 보고 있는바(○○○○. ○○. ○○.선고, ○○○○도○○○ 등), 원심은 오로지 피고인의 범죄이력에만 착안하여 상습성을 인정하고 아울러 재범의 위험성도 인정한 것이 아닌가 하는 의심이 듭니다.

3. 양형부당의 점

가사 원심과 같이 피고인을 유죄로 인정한다고 하더라도 피고인에게는 다음과 같은 정상이 있습니다.

가. 이 사건 피해품은 현장에서 즉시 소유자에게 회복되었습니다.

나. 피고인은 심장이 좋지 않아 수년 전부터 ○○대학병원 등에서 입원 및 통원치료를 받은 전적이 있습니다.

다. 피고인은 국민기초생활보장법 제2조 제2호의 규정에 의한 수급자입니다.

라. 피고인은 건축목공 2급 자격증을 소유하고 있습니다.

위와 같은 사정에 비추어 피고인에게 정상참작 사유를 들어 선처를 간곡히 호소합니다.

소명자료 및 첨부서류

1. 진료기록   1통

○○○○ 년 ○○ 월 ○○ 일

위 피고인(항소인) : ○　○　○　(인)

광주지방법원 형사항소○부 귀중

항 소 이 유 서

사 건 번 호 : ○○○○노○○○○호 공문서위조 등

피고인(항소인) : ○   ○   ○

○○○○ 년 ○○ 월 ○○ 일

위 피고인(항소인) : ○ ○ ○   (인)

청주지방법원 형사항소○부 귀중

항 소 이 유 서

1. 항소인(피고인)

성 명	○ ○ ○	주민등록번호	생략
주 소	청주시 상당구 ○○로 ○○길 ○○, ○○○-○○○호		
직 업	무직	사무실 주 소	생략
전 화	(휴대폰) ○○○ - ○○○○ - ○○○○		
사건번호	○○○○형제○○○○호 폭력행위 등		

　　귀원에 재판 계속 중인 피고인에 대한 공문서위조 등 피고사건에 관하여 피고인(항소인)은 다음과 같이 항소이유를 개진합니다.

- 다 음 -

원심은 피고인에 대하여 공소사실을 모두 인정하여 징역 3년의 실형을 선고하였으나 다음에서 보는 바와 같이 원심은 일부 사실오인과 양형부당의 위법이 있습니다.

가. 사실오인

  (1) 원심 판시 제2범죄사실의 공모부분과 2의 가(1)항 부분은 사실과 다릅니다. 피고인은 주민등록등본과 인감증명을 공소 외 ○○○사장에게 부탁하여 위조한 것은 사실이나 주민등록증을 위조하는데 가담한 사실이 없습니다.

      이 사건을 주도한 자는 상피고인 ○○○인데 원심판시 범죄사실 제1항, ○○○ 토지사건에서는 상피고인 ○○○이 ○○○에게 돈 ○○○만원을 주고 주민등록증의 위조를 부탁하였는데, 비슷한 시점에서 비슷한 범행수법으로 범행을 주도한 ○○○이가 위조를 부탁한 ○○○ 이외에 다른 사람이 다른 사람(즉, 피고인)에게 주민등록증의 위조를 부탁할 리가 없습니다.

  (2) 피고인은 수사기관에서 일관되게 이를 부인하였으나 원심에서 변호인이 굳이 일부만 부인하여 정상관계만 좋지 않게 할 필요가 있느냐고 하여 자백하습니다.

나. 양형부당(정상관계)

  (1) 이 사건을 주도한 것은 상피고인 ○○○이고 피고인은 ○○○을 통하여 상피고인 ○○○을 소개받은 것입니다.

  (2) 피고인은 판시 제1범죄사실에 있어 주민등록등본과 인감증명서를 위조하여 전달한 후 불안하여 ○○○와 함께 ○○○과 ○○○에게 하지 말자고 하였고, 두 사람이 승낙하여 위조서류를 범행에 사용하지 않는 것으로 알았습니다.

  (3) 피고인은 판시 제2범죄사실에 가담한자 중 상피고인 ○○○만 아는 사이었습니다.

(4) 피고인은 ○○○○년부터 ○○○○.까지 주식회사 ○○○에서, ○○○○년부터 ○○○○년까지 ○○○에서 각 근무하다 이후부터 현재까지'○○○'이라는 물가정보지 회사를 운영하였는바 영업부진으로 부모의 집까지 처분하고도 휴간을 하고 말아 그 후에는 무역업에 종사하였으나, LC 오픈을 위하여 은행에 제공할 담보를 찾다가 이 사건 관련자들을 만나게 됨으로서 이 사건에 개입하게 되었습니다.

(5) 피고인은 ○○○○. ○○. ○○. ○○지방법원에서 조세범처벌법 위반으로 징역 1년, 집행유예 2년 및 벌금형을 선고받은 외 한차례 벌금형 전과 이외에는 달리 전과가 없습니다.

(6) 피고인은 이 사건에 관여하게 된 것을 깊이 뉘우치고 있습니다.

2. 결론

앞서 본 사실관계와 제반정상을 보아 원심 판시 제2의 가(1)항 범죄사실은 무죄이고, 가사 견해를 달리 하더라도 앞서 본 정상관계를 고려하시어 관대한 처벌을 바랍니다.

소명자료 및 첨부서류

1. 부동산등기부등본   1통

○○○○ 년 ○○ 월 ○○ 일

위 피고인(항소인) : ○ ○ ○   (인)

청주지방법원 형사항소○부 귀중

항 소 이 유 서

사 건 번 호 : ○○○○노○○○○호 강도 등

피고인(항소인) : ○   ○   ○

○○○○ 년 ○○ 월 ○○ 일

위 피고인(항소인) : ○ ○ ○   (인)

부산지방법원 형사항소○부 귀중

항 소 이 유 서

1. 항소인(피고인)

성 명	○ ○ ○	주민등록번호	생략
주 소	부산시 ○○구 ○○로 ○○길 ○○, ○○○-○○○호		
직 업	무직	사무실 주 소	생략
전 화	(휴대폰) ○○○ - ○○○○ - ○○○○		
사건번호	○○○○형제○○○○호 ○○ 등		

　　귀원에 재판 계속 중인 피고인에 대한 강도 등 피고사건에 관하여 피고인(항소인)은 다음과 같이 항소이유를 개진합니다.

- 다 음 -

1. 원심판결의 사실 오인의 점에 관하여

원심법원에서는 피고인이 강도의 목적으로 피해자에게 달려들어 돈을 강취하려다가 상해를 가한 것이라고 인정하여 강도상해죄를 처단하고 있으나 이는 사실을 오해하여 판결에 영향을 미친 위법을 범하고 있습니다.

피고인은 피해자의 음식점과 약 30미터 떨어진 곳에 있는 중국집 종업원으로서 평소 5회에 걸쳐 피해자 주점에 가서 음주한 일이 있어서 서로 알고 지내는 사이인데 사고 당일에도 피고인은 밤늦게까지 술을 마신 후 다른 손님이 모두 가고 없는 사이에 전에 동침한 적이 있는 접대부와 동침할 심정으로 피해자의 방에까지 들어갔다가 방안에서 자고 있는 접대부를 깨우려고 하였으나 접대부가 거절하는 바람에 포기하고 돌아오려 하는데 피해자가 술값 30,000원을 주고 가지 않는다고 피고인의 멱살을 잡고 서로 싸우던 중 피고인은 술 먹은 기분에 자신도 모르게 가위를 집어 들고 휘두르게 된 것 뿐이지 결코 피해자의 돈을 강취할 의도하게 피해자와 싸운 것은 절대 아닙니다.

피고인과 피해자가 서로 알고 지내는 사이라는 점, 피해자 자신도 피고인이 그 장소에서 잠을 자고 있었다는 점, 피해자 자신도 피고인이 돈을 요구하거나 빼앗으려 한 사실이 있다는 진술을 하지 못하고 있는 점 등을 종합해 보면 피고인이 돈을 빼앗으려 했다는 것은 전혀 사실이 아닌 것이 분명합니다.

2. 채증법칙 위반의 점에 관하여

원심은 증거 없이 사실을 인정한 위법을 범하고 있습니다.

원심은 강도의 점을 뒷받침하는 증거로 피고인의 원심법정 진술과 검찰진술 및 피해자의 법정진술과 경찰진술을 들고 있으나 원심법정에서 피고인은 강도의 점에 관하여 사실을 부인하고 있습니다.

피고인은 경찰에서 계속 범행을 부인해 오다가 경찰의 고문에 못 이겨 허위로 자백을 하게 되었습니다.

검사 앞에 와서도 범행을 자백한 것처럼 되어 있으나 전후 사정으로 미루어 보아 검사 앞에서의 자백은 사실과 다른 허위자백이라 아니할 수 없습니다.

피해자인 ○○○의 경찰진술이나 원심법정진술에서도 피고인이 강도의 목적으로 범행하였다는 점을 인정할 증거는 전혀 없는 것이므로 결국 강도의 목적으로 범행하였다는 점을 뒷받침할 증거는 전혀 없는 것입니다.

3. 양형부당의 점에 관하여

가사 피고인에게 유죄가 인정된다고 하더라도 피고인은 ○○○○. ○○.에 집을 떠나 부산에 와서 종업원생활을 하면서 생활해 온 사람으로 본건 범행당시에도 술에 취하여 우발적으로 범행에 빠진 것으로 피해자에게 금전적 피해는 입히지 않은 점 등 여러 사정을 종합해 보면 원심의 형량은 너무 무겁다 아니할 수 없습니다.

이상의 이유로 원심판결은 부당하므로 파기를 면치 못할 것입니다.

소명자료 및 첨부서류

1. 술값 영수증   1통

○○○○ 년 ○○ 월 ○○ 일

위 피고인(항소인) : ○ ○ ○   (인)

부산지방법원 형사항소○부 귀중

(13)형사 항소이유서 - 부정수표단속법위반 양형부당 형이 너무 무거워 부당하다며
집행유예로 선처해 달라는 항소이유

항 소 이 유 서

사 건 번 호 : ○○○○노○○○○호   부정수표단속법위반

피고인(항소인) : ○   ○   ○

○○○○ 년 ○○ 월 ○○ 일

위 피고인(항소인) : ○ ○ ○   (인)

울산지방법원 형사항소○부 귀중

항 소 이 유 서

1. 항소인(피고인)

성 명	○ ○ ○		주민등록번호	생략
주 소	울산시 ○○구 ○○로 ○○길 ○○, ○○○-○○○호			
직 업	무직	사무실 주 소	생략	
전 화	(휴대폰) 010 - 7676 - ○○○○			
사건번호	○○○○형제○○○○호 부정수표단속법위반			

　　귀원에 재판 계속 중인 피고인에 대한 부정수표단속법위반 피고사건에 관하여 피고인(항소인)은 다음과 같이 항소이유를 개진합니다.

- 다 음 -

1. 원심은 피고인에 대한 공소사실을 모두 유죄로 인정하면서 피고인에 대하여 징역 1년에 처한다는 판결을 선고하였는바, 이는 다음에서 보는 여러 자료를 종합하면 그 형이 너무 무거워 부당하다 할 것입니다.

2. 이건 부도의 경위에 관하여 보면 이 사건 부도는 소위 계획적인 부도가 아닙니다.

   뿐만 아니라 발행 교부전후를 거쳐 어떠한 사위의 방법으로 사용한 것이 아니고 피고인이 일찍이 십 수 년 간 ○○타월 대리점을 경영하여 오면서 ○○○○년도 전국 동시 지방선거철에 대비하여 그 수요를 예감하고 많은 물량을 확보하는 과정에서 물품대금으로 이 사건 수표를 발행하였습니다.

   본의 아니게 선거열풍이 진정되고 선거철에 교부하는 타월 등의 선물수요가 격감하면서 매출이 부진하고 이에 따라 자금회전이 되지 아니하여 부득이 결재를 할 수 없게 된 것입니다.

   위와 같은 사정에 의하여 소위 물품대금의 지급이 지연된 것으로 엄격히는 채무불이행이라 하지 않을 수 없는 것입니다.

3. 그럼에도 불구하고 피고인은 가족을 통하여 백방으로 노력하여 원심에 이르기까지 약 ○○○,○○○,○○○원을 회수한 외에 당심에 이르기까지 다시 별첨과 같이 수표 3매 액면가 ○○,○○○,○○○원을 회수한 바 있습니다.

   그의 범의는 앞서와 같이 중하지 아니하고 그간 ○개월간의 구금생활을 통하여 깊이 반성하였음은 물론 이 사건 사안이 피고인이 주축이 되어 활동 중 발생한 것으로 피고인의 구금은 응징 외에 이에 따로 정당한 피해회복을 위하여서는 방해사유라 할 것입니다.

   이상의 여러 점을 참작하면 피고인에 대한 계속적인 응징보다는 이번에 한하여 관대한 집행유예로서 마지막 뒤처리를 원만히 할 수 있도록 함이 상당하다 할 것이므로 이 사건 항소에 이르렀습니다.

소명자료 및 첨부서류

1.수표 사본(앞, 뒷면)   3매

○○○○ 년 ○○ 월 ○○ 일

위 피고인(항소인) : ○   ○   ○   (인)

울산지방법원 형사항소○부 귀중

항 소 이 유 서

사 건 번 호 :　○○○○노○○○○호　폐기물관리법위반

피고인(항소인) :　○　　　　○　　　　○

○○○○ 년 ○○ 월 ○○ 일

위 피고인(항소인) : ○　○　○　　　(인)

대전지방법원 형사항소○부 귀중

항 소 이 유 서

1.항소인(피고인)

성 명	○ ○ ○	주민등록번호	생략
주 소	대전시 ○○구 ○○로 ○○길 ○○, ○○○-○○○호		
직 업	무직	사무실 주 소	생략
전 화	(휴대폰) ○○○ - ○○○○ - ○○○○		
사건번호	○○○○형제○○○○호 폐기물관리법위반		

　　귀원에 재판 계속 중인 피고인에 대한 폐기물관리법위반 피고사건에 관하여 피고인(항소인)은 다음과 같이 항소이유를 개진합니다.

- 다 음 -

원심판결은 사실을 오인하여 피고인에게 유죄를 선고한 위법이 있고, 그렇지 않더라도 원심이 피고인에 대하여 선고한 형은 너무 무거워서 부당합니다.

1. 원심의 형식적 재판

피고인 운영하는 업체는 이건 폐기물관리법위반 여부에 문제될 수 없다고 보는 것은 원심이 처벌의 근거로 제시한 범죄 성립요건이 확실하지 않으며, 무엇보다도 피고인의 실험용 동물의 폐기방법이 현행 법제도 하에서 마련되지 않은 실정이기 때문입니다.

피고인은 실험용 폐기처분 방법이 법제도에 의해 제시되지 않은 가운데 있기에 현재 상태에서 피고인이 취할 수 있는 가장 바람직한 방법은 폐사한 조그만 동물을 퇴사, 비료로 사용하는 것인데, 그러하다면 이건과 같은 처벌을 재차 반복해서 받아야 하는 처지에서 불리한 지위에 놓이게 됩니다.

2. 원심판시 제1점(폐기물관리법 제61조 제1호)

가. 원심은 피고인은 생활폐기물 무단배출에 관련된 폐기물관리법 제61조 제1호 규정인 "제12조의 규정에 위반하여 폐기물을 수집·운반·보관 또는 처리하여 주변 환경을 오염시킨 자"에 해당한다고 보아 처벌을 한 것인데, 위 동법 제12조는 "누구든지 폐기물을 수집·운반·보관·처리하고자 하는 자는 대통령이 정하는 기준 및 방법에 따라야 한다"고 되어 있고,

이 대통령령인 시행령 제6조 제2항은 "제1항의 규정에 의한 폐기물의 수집·운반·보관·처리에 관한 구체적인 기준 및 방법은 환경부령으로 한다"고 되어 있으며,

이에 따른 환경부령인 시행규칙 제8조는 "영 제6조 제2항의 규정에 의한 폐기물의 수집·운반·보관·처리에 관한 구체적인 기준 및 방법은 별표4와 같다."고 규정하고 있습니다(별표4 참고자료 참조).

동 규정 별표4의 내용을 보면 피고인이 행위가 구체적으로 어느 규정에 저촉되는지 알 수가 없어 이건 원심은 근거가 모호하고 막연한 것입니다.

나. 다만 추측하기로는 시행규칙 제8조의 따라 별표4 제2호 나.항 (3)에 따라 "생활폐기물의 보관 장소는 악취가 발생하거나 쥐, 모기, 파리 등 해충이 발생하지 아니하도록 필요한 조치를 하여야 한다"는 규정을 위반한 것으로 보입니다.

다. 그런데 피고인의 행위가 생활폐기물인 백쥐 등의 사체 및 마리를 아무런 조치 없이 피고인이 논에 적치하였다는 행위로 인하여 이건 처벌을 받은 것인데, 일반 민가와 멀리 떨어진 피고인 소유의 논에 퇴비용으로 적치한 상황에서 가정용 생활폐기물을 염두에 두고 규정된 보관방법 규정{별표4 제2호 나.항 (3)}을 그대로 피고인의 행위에 적용하는 것에는 무리가 있다고 봅니다.

결국 '폐기물의 보관 폐기물의 수집·운반·보관·처리에 관한 구체적 기준 방법' 규정인 별표4에서는 피고인에게 맞는 적절한 처리방법이 없습니다.

라. 또한 피고인이 배출하는 동물의 분뇨를 문제 삼는 것이라면, 축산분뇨는 더불어 사는 친환경 농업으로 가는 자연순환형 유기질 비료로 땅의 지력을 높이고 재활용되는 천연자원이라는 점에서 문제 삼을 수 없다고 봅니다.

시행규칙 제6조의3은 축산물 폐기인 경우 퇴비로 재활용할 것을 규정하고 있는 것입니다.

마. 소결

따라서 백쥐와 그 배설물의 소각재, 그리고 다른 동물의 분뇨를 퇴비용으로 논에 적재하는 과정에서 일부 소각되지 않은 몇 마리의 백쥐와 동물의 분뇨가 논에 버려진 상황은 특히 백쥐의 경우 피고인이 의도하지 않은 상황이라는 점과 만일 피고인에 의하여 고의로 백쥐가 버려지는 상황이라도 그 처리방법이 없는 상황에서 무조건 생활폐기물 무단배출에 관련된 폐기물관리법 제61조 제1호를 위반하였다고 하는 것은 명확성의 원칙, 유추해석금지 원칙에 의해 법적용이 잘못되었다고 보는 것입니다.

3. 원심판시 제2점(폐기물관리법 제60조 제10호)

가. 원심이 피고인에 대한 폐기물관리법 제60조 제10호 규정으로, 이 규정에 의한 처벌대상은 "제45조 제3항의 규정에 의한 조치명령을 이행하지 아니한 자"인데, ○○○○. ○○.경 ○○시청의 조치명령을 이행하지 않은 피고인의 행위는 ○○시청에 의해 생활폐기물이 아닌 법 제60조 제2호 '사업장폐기물 배출자'로 오인되어 사업장 폐기물 배출자로서의 신고와 적정시설의 설치를 위한 조치명령이 내려졌던 것입니다.

나. 그러나 이후 조사결과 피고인의 행위가 사업장 폐기물 배출자에 해당하지 않는 것이 밝혀졌으므로, 결국 ○○시청의 처분의 근거가 되는 법위반 행위가 없는 것이 되어 애당초 ○○시정조치 처분은 그 정당성이 결여된 것이 됩니다.

4. 문제된 부분

가. 이건 문제된 실형용 백쥐는 출하가 되지 않는 경우 일정기간인 주령(나이)이 지나면 과체중으로 1주에 1회 내지 2회로 개 단백질 보충사료로 사용하거나 나머지는 시청에 신고 된 소각시설에 그 배설물과 함께 소각하여 왔습니다.

그리고 개와 다른 동물의 분뇨는 퇴비화 하기 위해서는 민가와는 500m 이상 떨어진 피고인 소유의 논에 적재를 하여 놓습니다.

나. 이 과정에서 극히 일부 백쥐 몇 마리가 소각장에서 튀어나와 소각재에 뒤섞여 결국 퇴비화하기 위한 소각재와 배설물들과 논에 놓이게 된 것입니다. 보통 백쥐의 체중인 15~100g 정도로 아주 작으며 대부분 논에서 자연 폐사되어 다른 분뇨, 소각재와 함께 퇴비화 되는 것입니다.

피고인은 직원들에게 동물들이 완전히 소각되도록 교육을 하고 있지만 100% 소각 처리되지 못하여 이건이 발생한 것에 대하여 심히 안타깝게 생각합니다.

5. 결어

이건 피고인이 의도하지 않게 백쥐에 대하여 주위에 심려를 끼친 점에 대하여는 깊이 반성하고 있으며, 차후 재차 이러한 실수가 발생하지 않도록 조치하겠습니다.

이상과 같이 처리방법이 부재한 상황에서 모호한 근거로 재차 위법한 상황에 늘 노출되어 있는 것이므로, 확실한 근거와 적용을 원하며, 이건 폐기물관리법에 관한 피고인의 처벌 적용은 문제가 있으므로, 피고인에 대하여 무죄 또는 그 정상을 참작하여 형량을 낮추어 주실 것을 선처 드립니다.

소명자료 및 첨부서류

1. 환경부민원회신   1통

2.폐기물의 수집 처리에 관한 별표4.   1통

○○○○ 년 ○○ 월 ○○ 일

위 피고인(항소인) : ○   ○   ○   (인)

대전지방법원 형사항소○부 귀중

항 소 보 충 이 유 서

사 건 번 호 : ○○○○노○○○○호 폭력행위 등

피고인(항소인) :   ○   ○   ○

○○○○ 년 ○○ 월 ○○ 일

위 피고인(항소인) : ○ ○ ○   (인)

창원지방법원 형사항소○부 귀중

항 소 보 충 이 유 서

1. 항소인(피고인)

성 명	○ ○ ○		주민등록번호	생략
주 소	창원시 ○○구 ○○로 ○○길 ○○, ○○○-○○○호			
직 업	무직	사무실 주 소	생략	
전 화	(휴대폰) ○○○ - ○○○○ - ○○○○			
사건번호	○○○○형제○○○○호 폭력행위 등			

　　귀원에 재판 계속 중인 피고인에 대한 폭력행위 등 피고사건에 관하여 피고인(항소인)은 다음과 같이 항소 보충이유를 개진합니다.

- 다 음 -

1. 원심 판시 범죄사실의 인부 및 항소이유의 요지

피고인은 원심 판시 범죄사실 중 제1항 및 제2항의 가.항 범죄사실은 이를 시인하나, 제2의 나.항 범죄사실은 부인합니다. 나아가 가사 제2의 나.항 범죄사실이 유죄로 인정된다고 하여도 원심이 선고한 징역형은 제반정상에 비추어 과하다 할 것이므로 그 감형을 구합니다.

2. 사실오인의 점

피고인은 수사기관에서부터 일관하여 피해자 ○○○경장에 대한 상해사실을 부인하고 있습니다. 원심판결은 이 부분 유죄의 증거로서 증인 ○○○의 법정진술과 동인에 대한 경찰진술조서, 김○○, 박○○에 대한 각 검찰진술조서를 거시하고 있으나 이하에서와 같은 이유에서 과연 이들 증거만으로 피고인을 유죄로 인정할 수 있는지 의심이 갑니다.

가. ○○○경장의 진술

○○○경장이 주장하는 피해부위와 진단서상의 기재가 일치하지 않습니다. ○○○경장에 대한 경찰진술조서를 보면, ○○○경장은 피고인이"발로 저의 왼쪽 허벅지를 1회 차고 저의 낭심을 1회 찼으며","무전실에서 저의 왼쪽 얼굴을 세게 1회 때린 후","저의 입술을 주먹으로 1회 때리고 저를 밀쳐서 옷장에 팔이 부딪히게 하여 오른쪽 팔꿈치에 피부가 벗겨지는 상처가 난 것이고"라고 진술하고 있습니다.

또한 ○○○경장은 원심 법정에서"피고인이 주먹으로 증인의 입술을 때려 아래 입술 속이 찢어져 붓고 피가 났습니다."라고 증언하였습니다. 그러나 의사 김○○의 작성의 ○○○경정에 대한 진단서를 보면 상해부위는 안면부 및 우측 관절부만이 있을 뿐이고 외관으로도 쉽게 확인할 수 있을 것으로 보이는 입술 부위 상해에 관하여는 기재가 없습니다.

피고인은 자신이 ○○○경장을 폭행하고 상해를 가하였다면 파출소 CCTV에 그 범행장면이 녹화되어 있을 것이므로 이를 확인하여 자신의 변소가 진실임을 밝혀달라고 주장하고 있습니다.

○○○경장은 원심 법정에서 자신이 동료 경찰관에게 CCTV를 끄라고 소리친 사실이 있다고 실토하면서 그 이유는 피고인을 무전실로 데리고 갔기 때문에 피고인이 소내에 없어서 끄라고 하였던 것이라고 변명하고 있으나, 피고인을 무전실에 데리고 들어가기 전에 이미 CCTV를 끄라고 이야기하였다고 진술하고 있고 CCTV는 특별한 사정이 없는 한 상시 켜놓는다고 진술하였습니다.

이○○ 순경이 기계를 잘못 조작하여 녹화가 되지 않았다고 진술하는 등 앞뒤가 맞지 않거나 설득력이 없는 설명을 하고 있습니다. 또한 경찰 작성 피의자신문조서 중 ○○○경장과의 대질부분을 보면, ○○○경장은 피고인이"계속 사무실에 있는 동안에 박○○에게 욕하고 저의 경찰관에게 욕을 하여 업무를 할 수가 없어서 CCTV를 크고 무전실로 격리시켰는데"라고 진술하고 있습니다 ("크고"는 "끄고"의 오타로 보입니다). 피고인이 공무집행을 방해하고 있다면 오히려 CCTV가 켜있는지를 확인하여 증거를 확보할 수 있는 조치를 취하고 수갑 등을 채워 범행을 저지해야 할 터인데, 반대로 CCTV를 끄고 피고인을 엉뚱한 곳으로 데리고 갔다는 것이 석연치 않습니다.

그리고 무전실은 아마도 일반인들의 출입이 통제되어 그 이목으로부터 차단되는 장소인 것으로 보이는데, 피고인을 무전실에 격리한다는 것이 피고인을 홀로 무전실에 가두어 둔다는 뜻인지, 무전실 내에서는 피고인을 어떻게 개호하였는지, 결국 피고인을 어떻게 제압하였는지 등의 의문이 제기되고 피고인이 소란을 피워 업무에 차질을 빚게 되므로 격리하였다는 경찰진술조서상의 기재나 원심에서의 증언만으로는 이러한 의문에 답할 수 없습니다. 이 부분은 오히려 자신이 ○○○경장 등으로부터 구타를 당하였다는 피고인의 주장이 사실일 수도 있다는 의심을 불러일으키는 대목으로서, 이에 관한 ○○○경장의 진술은 CCTV 녹화테이프가 존재하지 않는 상황에서 피고인의 변소를 입증할 수 있는 거의 유일한 자료에 해당합니다.

나. 김○○, 박○○의 진술

경찰 피의자신문조서 중 김○○에 대한 대질부분을 보면, 김○○은 피고인이 "경찰관의 다리를 2-3회 가량 차고, 주먹으로 ○○○경장의 얼굴을 때린 것이고, ○○○경장의 얼굴에 침을 뱉은 것입니다"라고 진술하고 있어 피고인이 ○○○경장의 얼굴을 때리는 것을 보았다는 취지입니다. 그런데 ○○○경장에 대한 경찰 진술조서를 보면, ○○○경장은 피고인이 "무전실에서 저의 왼쪽 얼굴을 세게 1회 때린 후, 계속하여 "저의 입술을 주먹으로 1회 때리고"라고 진술하였고 원심 법정에서도 "증인이 피고인을 탈의실 안으로 데리고 들어가서 앉히려고 하자 피고인이 주먹으로 증인의 입술을 때려 아래 입술 속이 찢어져 붓고 피가 났습니다."라고 진술하고 있어 피고인이 자신의 얼굴을 때린 것은 무전실 내에서라는 취지입니다. 그렇다면 김○○은 어떻게 피고인이 ○○○경장의 얼굴을 때리는 것을 목격하였는지 의문입니다.

검찰 피의자신문조서 중 박○○ 및 김○○에 대한 대질부분을 보면, 박○○는 피고인이 "주먹으로 얼굴을 툭 때렸다"라고 진술하고 있고 김○○도 피고인이 "주먹으로 경찰관의 볼을 툭 쳤습니다."라고 진술하고 있기는 하나, "툭 쳤다"는 표현이 반복되고 있는 것으로 보아 원심 판시 범죄사실상 "주먹으로 동인의 얼굴을 때리고"라는 부분과 무전실에서 얼굴을 폭행당하였다는 ○○○경장의 진술에서와는 별개의 다른 행위를 지목한 것으로 보입니다.

나아가 검찰 피의자신문조서 중 박○○에 대한 대질부분을 보면, 박○○는 "경찰도 싫은 소리를 하여", 경찰관이 "최○○의 머리를 손을 밀쳐 소파에 앉히자"라는 등 일부 고소인의 변소에 부합하는 듯 한 진술을 하고 있고 김○○도 마찬가지입니다.

박○○는 또한 같은 곳에서 피고인의 주장에 따라 파출소에서 자신의 소지품을 검사하였으나 피고인이 이야기하는 돈을 찾을 수 없었다는 취지로 진술하고 있으나, 박○○는 어디까지나 폭행사건의 피해자로서 참고인진술을 위하여 파출소에 임의 동행한 것이므로 피고인으로부터 빼앗은 돈을 다른 곳에 두고 올 수 있는 충분한 시간적 여유가 있었을 것입니다.

3. 양형부당의 점

피해자 박〇〇는 이미 경찰에서 피고인에 대한 처벌을 원하지 않는다고 진술한 바 있습니다. 피고인은 〇〇〇경장에 대한 상해사실을 완강히 부인하면서도 다수의 전과가 있음에도 불구하고 다시 처신을 그르쳐 술을 마시고 물의를 빚은 점에 대하여 깊이 반성하고 있음을 밝히고 있습니다. 피고인은 나아가 다시는 이와 같은 실수를 되풀이하지 않기 위해 어머니가 계신 〇〇으로 내려가 농사를 지으면서 살겠다고 합니다. 또한 피고인은 원심 법정에서 〇〇〇경장이 사실과 다르게 진술하는 것을 참지 못하여 소란을 피워 감치명령을 받았던 점에 관하여도 뉘우치고 있습니다.

4. 결론

지금까지 피고인의 성행이 바르지 못하였고 파출소에서도 차분하게 조사에 응하지 않고 다소 소란을 야기한 점은 사실입니다.

그러나 피고인은 절대로 원심 판시와 같이 〇〇〇경장에세 상해를 가한 사실이 없다고 부인하고 있고 원심이 거시한 유죄의 증거들에도 그 신빙성에 의심이 가는 부분이 존재합니다.

이러한 점을 살펴 〇〇〇경장에 대한 폭력행위등처벌에관한법률위반의 점 및 공무집행방해의 점에 대하여 형사소송법 제325조 후단을 적용하여 무죄를 선고하여 주시고, 가사 피고인을 유죄로 인정하시더라도 원심보다 경한 형을 선고하여 주시기를 바랍니다.

〇〇〇〇 년 〇〇 월 〇〇 일

위 피고인(항소인) : 〇 〇 〇   (인)

창원지방법원 형사항소〇부 귀중

항 소 보 충 이 유 서

사 건 번 호 : ○○○○노○○○○호 상해

피고인(항소인) : ○   ○   ○

○○○○ 년 ○○ 월 ○○ 일

위 피고인(항소인) : ○ ○ ○   (인)

전주지방법원 형사항소○부 귀중

항 소 보 충 이 유 서

1.항소인(피고인)

성 명	○ ○ ○	주민등록번호	생략
주 소	전주시 ○○구 ○○로 ○○길 ○○, ○○○-○○○호		
직 업	무직	사무실 주 소	생략
전 화	(휴대폰) ○○○ - ○○○○ - ○○○○		
사건번호	○○○○형제○○○○호 상해		

    귀원에 재판 계속 중인 피고인에 대한 상해 피고사건에 관하여 피고인(항소인)은 다음과 같이 항소 보충이유를 개진합니다.

- 다 음 -

1. 원심 판시 범죄사실의 인부

○ 피고인은 원심 판시 범죄사실은 모두 시인합니다.

2. 양형부당의 점

가. 피고인은 전신분열증 진단을 받아 ○○대학교병원에서 입원치료를 받은 적이 있고 지금도 약을 복용하고 있으며 장애인복지법에 따른 정신지체 3급의 장애인입니다.

피고인은 ○○고등학교 1학년 때부터 갑자기 학교를 나가지 않는 등 정상인과 같은 정도의 사회적응력을 갖추지 못하고 있습니다.

이 사건 범행도 특별한 동기 없이 범행 당시의 기분에 따라 우발적으로 행한 것입니다.

나. 이 사건 피해자는 피고인의 아버지가 운영하는 정육점에 자주 들러 피고인 부모님과 알고 지내는 사이입니다.

피고인의 어머니는 피해자에게 치료비 조로 금 ○○○만원을 주려 하였으나 피해자가 금 ○,○○○만원을 요구하여 피고인의 형편으로서는 상상할 수 없는 큰돈이라 합의에는 이르지 못했습니다.

다. 피고인에게는 폭력행위로 인하여 벌금 ○○○만원을 선고받은 외에는 다른 범죄전력이 없으며 본 건 범행을 깊이 반성하고 있습니다.

3. 결론

이상의 정상과 기타 기록상 드러나는 자료를 참작하시어 피고인에게 원심보다 관대한 형을 선고하여 주시기를 바라며, 항소보충이유서를 제출합니다.

소명자료 및 첨부서류

1. 피해자가 피고인의 어머니에게 합의금을 요구한 문자   1통

○○○○ 년 ○○ 월 ○○ 일

위 피고인(항소인) : ○ ○ ○   (인)

전주지방법원 형사항소○부 귀중

(17)형사사건 항소이유서 - 주거침입 처분이 너무 가혹하여 불복으로 감액이나 무죄를 선고해 달라는 취지의 항소이유

항 소 이 유 서

사   건 : ○○○○노○○○○호 주거침입

피 고 인 : ○   ○   ○

대전지방지법 형사항소1부 귀중

항 소 이 유 서

사　　　　건 ：　○○○○노○○○○호　주거침입

피고인(항소인)　　：　○　　○　　○

　위 사건에 관하여 피고인(항소인) ○○○은 다음과 같이 항소이유를 개진합니다.

- 다　　음 -

1. 원심판결 및 항소이유 요지

원심은 피고인에 대한 공소사실을 유죄로 인정하여 벌금 100만원의 형을 선고하였습니다.

그러나 원심판결은 그 형이 지나치게 무거워 부당합니다.

2. 양형부당의 점에 관하여

가. 이 사건의 경위

피고인은 조선족으로서 중국에서 고등학교 졸업이 학력의 전부이고 중국어로 교육을 받고 자라나 한국어에 서툴 뿐만 아니라 한국문화와 한국의 법률·제도에 문외한으로 변변한 직업을 찾지 못한 채 지내던 중, 한국에 입국하여 특별한 기술이 없으므로 건설공사현장에서 속칭 '노가다' 생활을 하면서 생활에 필요한 약간의 돈으로 연명해 왔습니다.

그렇게 지내던 중 ○○○○. ○○. ○○. 02:20경 대전시 ○○구 ○○로길 ○○○, ○○호 지하 B01호에서 갑자기 여자의 비명소리가 들리므로 누군가 위급한 상황에 있음에 틀림이 없다고 오인하여 무슨 일인가 하여 황급히 열려져 있는 대문으로 들어갔던 바, 그 집은 피해자 ○○○(32세, 남)의 집으로 판명되었고 피해자는 이를 경찰서에 신고하였습니다.

피고인이 피해자의 주거의 평온을 침해하였다는 이유에서였습니다.

피고인은 한국법에 완전히 무지한 자로서 위법성의 인식이 전혀 없었다고 볼 여지가 있을 것입니다.

물론 법률의 부지는 용서받지 못한다는 법언도 있다고 합니다만, 피고인은 완전히 낯설은 국가에서 어떠한 형법이 존재하는 지에 관해서는 무지한 것이 사실이기 때문입니다.

하지만 피고인은 주거침입의 고의가 없었고 다만 여자의 비명소리 같은 것이 들리므로 무언가 위험한 상황에 한 인간이 처해있지나 않나 하는 인지상정의 측은지심에서 피고인은 피해자의 집으로 급히 달려 들어갔던 것입니다.

그러므로 주거침입을 한다는 인식과 의사가 있었다고 하더라도, 정당방위 또는 피해자의 승낙과 같은 위법성조각사유의 전제사실에 관한 착오가 있다(오상방위, 오상 피해자의 승낙 등)고 보아야 할 것입니다.

따라서 형법 제16조에 따라 그 착오에 정당한 이유가 있음으로 인하여 불벌로, 또는 형법 제15조를 유추적용 하는 경우에 해당하여 고의가 조각됨으로 과실범 또는 불벌로, 책임고의가 탈락하여 과실범 혹은 불벌로 취급함이 마땅하다 할 것입니다.

그렇다면 주거침입죄에는 과실범이 없으므로 불벌하여야 한다는 결론에 이르게 됨이 명명백백합니다.

가사 백보를 양보하여 피고인의 행위가 범죄의 구성요건에 해당하고 위법성이 인정되며 책임 있는 행위라고 할지라도 다음에 보는 바와 같이 피고인의 제반 사정을 보아 처벌이 중하오니 감경하여 주실 것을 간청하는 바입니다.

나. 경력

피고인은 중국에서 한국으로 ○○○○년에 처음으로 입국하였고, ○○○○년 재입국한 지 1년 10개월 정도가 경과되었으나 한국어에 서투를 뿐만 아니라 한국의 정치·경제·사회·문화 등 모든 면에서 한국의 실정에 어둡고 특히 한국의 법·제도·행정에 맹인과 방불하다고 볼 수 있을 정도로 한국의 물정에 어두운 것이 사실입니다.

다. 가족관계

피고인은 ○○○○년경 현재의 아내와 결혼한 후, 현재는 큰딸(○○세, 기혼), 작은딸(○○세, 기혼), 아들(○○세, 기혼)과 따로 살면서 단란한 가정의 가장이자 호주로서의 역할을 성실히 수행하여 왔습니다. 그런데 피고인의 이 사건 범죄사실로 벌금형을 선고받아 피고인의 아내는 당장 생활비의 큰 부담을 걱정

해야 함은 물론이고 자녀들에게도 마음의 큰 상처를 안겨주게 되었습니다.

라. 전과

피고인은 이 사건 범행과 유사한 범죄를 범한 적도 전혀 없으며, 이 사건 벌금형을 선고받은 것 외에 다른 전과는 전혀 없습니다.

마. 피해자의 용서와 합의

피고인이 위 피해자 ○○○(32세, 남)와 원만히 합의하였고 피해자도 또한 중국에서 입국한 자로서 한국의 법·제도·문화 등에 밝지 못한 상황에서 피고인의 제반 사정과 행동경위 등을 자세히 알아 볼 경황도 없이 경찰에 신고하기에 이르렀던 것입니다.

바. 제재의 가혹성

피고인에 대해 제1심 법원은 벌금 100만원을 선고하였습니다.

이 사건 경위에서 밝혔듯이 피고인이 주거침입에 대한 인식과 의사가 있다손 치더라도 위법성전제사실에 관한 착오가 있어서 과실 주거침입 내지는 불가벌적 상황에 처해 있었다고 할 것입니다. 또한 피해자와 원만히 합의하여 합의서를 작성 법원에 제출하였습니다.

피고인은 현재 고혈압·당뇨병·퇴행성관절염 등으로 일을 할 수 없는 상황에 처한 점에 비추어 경제적으로도 피해가 큰 점 등을 고려해 볼 때 피고인이 받을 제재는 너무 가혹한 것입니다.

이러한 사정을 충분히 고려하여 양형을 조정해 주시길 바랍니다.

사. 반성

피고인은 그 동안 경찰과 검찰, 법원을 오고 가면서 한국에서의 여러 가지 법률생활을 통하여 혹시 타인에게 잘못을 저지른 점이 있었다면 다시는 이와 같은 행위를 하지 말아야겠다고 스스로 깊이 반성하고 깊이 뉘우치고 있으며 앞으로는 어떠한 범법행위도 하지 않을 것을 맹세하면서 하루 속히 건강을 회복하여 정상적인 경제생활을 통하여 자식들을 양육할 수 있게 되기를 간절히 바라고 있습니다.

3. 맺음말

존경하는 재판장님!,

피고인이 이 사건에 이르게 된 경위와 기타 위 정상관계 등 제반 사정을 참작하시어 부디 원심판결을 파기하시고 피고인에 대하여 무죄판결 또는 선고유예·집행유예 등을 선고하여 주시기 바랍니다.

○○○○ 년 ○○ 월 ○○ 일

위 피고인(항소인) :   0 0 0   (인)

대전지방지법 형사항소1부 귀중

항 소 이 유 서

사　　건 : ○○○○노○○○○호　음주운전

피 고 인 : ○　　　○　　　○

청주지방법원 형사항소1부 귀중

항 소 이 유 서

사　　　건 : ○○○○노○○○○호 음주운전

피 고 인 : ○　　　○　　　　○

　　위 사건에 관하여 피고인은 다음과 같이 항소이유를 개진합니다.

- 다 음 -

1. 저의 음주운전행위는 국법 질서의 확립을 위하여 당연히 처벌되어야 합니다.

   그러나 다음과 같은 사유들을 재고하여 선처해 주시기 바랍니다.

   음주운전을 한 잘못은 할 말이 없습니다.

   저는 아내가 교통사고로 저세상으로 떠나고 자식들은 시골이 싫다며 모두 떠나 살고 배운 것 없는 저는 막상 여기를 떠나려 해도 갈 곳이 마땅찮아 혼자 이곳에서 농사를 짓고 있습니다.

   그래도 먹고 살려면 생 필수품이 필요해도 차량으로 10분정도 가는 길목에 슈퍼가 하나있습니다.

   혼자서 농사를 짓느라 술에 의존하지 않으면 힘이 부쳐서 그 나마도 일을 할 수 없습니다.

   집에는 냉장고가 없는 바람에 라면하나 끓어 먹으려 해도 밭에서 일하다말고 술 먹은 것도 잠시 잊어버린 채 차를 몰고 슈퍼가 있는 읍내로 달려갈 수밖에 없습니다.

   그래서 저는 부끄러운 일이지만 전부 생 필수품을 사려고 슈퍼로 가다가 여러 번 음주운전으로 적발되어 면허가 취소된 사실도 있었습니다.

2. 이렇게 사는 저에게 자동차는 현재 유일한 생활필수품이 되어 있는 상황이고, 피고인이 살고 있는 지역은 교통의 오지로서 정상적 활동을 위해서는 자동차운행이 불가피한 실정입니다.

   음주운전행위는 전통적인 생활문화가 서구의 자동차 문화로 전환되는 과정에서 오는 적응 미숙이라는 부분도 상당부분 포함되어 있다고 생각하지만 이를 사회악으로만 보고 일방적으로 몰아붙이고 많은 벌금을 부과하는 것은 지나친 힘의 사용이라고 생각이 듭니다.

   무면허 음주운전의 범법행위에 대한 엄벌도 필요하지만 현재 가구당 연평균 이자 부담액이 과중한 실정에서, 과중한 벌금을 부과한다는 것은 피고인과 같은 경제능력이 미약한 농민에게는 유전무죄 무전유죄라는 자조적인 허탈감을 주게 될 뿐만 아니라 이는 법의 존엄성과 정당성마저 손상할 수도 있다고 생각합니다.

3. 저의 음주운전행위는 처벌받아 마땅하나 농촌에서 혼자 농사짓는 저로서는 술을 마시지 않으면 농사일을 할 수 없고 먹고 살기 위해서 생 필수품을 구입하려고 어쩔 수 없이 음주운전을 할 수 밖에 없었던 피고인에게 피고인의 형편으로는 도저히 감당할 수 없는 벌금을 내야한다는 것은 가혹합니다.

4. 저는 하루온종일 밭에서 농사지은 채소를 읍내에 내다 파는 그 돈으로 겨우 밥을 먹고사는 농부에게 이렇게 많은 벌금을 내라는 것은 죽으라는 것과 다르지 않아 이제는 허탈감마저 듭니다.

5. 이러한 피고인의 사정을 조금만 헤아려 주시고 벌금을 대폭 감액해 주시면 술도 끊고 새벽같이 일어나 읍내까지 걸어서 다니든지 하루 온종일이 걸려도 지게에 채소를 지고 읍내에 내다 팔고 먹고살 생각입니다.

6. 이번 한번만 기회를 주시면 다시는 술 먹고 음주운전하지 않겠습니다.

부디 피고인에게 선처를 긴곡히 호소합니다.

○○○○ 년 ○○ 월 ○○ 일

위 피고인 : 0 0 0　(인)

청주지방법원 형사항소1부 귀중

(19)형사사건 항소이유서- 업무상횡령 등 원만하게 합의하여 피해를 복구하였으므로 선처를 호소하는 항소이유서

항 소 이 유 서

사   건 : ○○○○노○○○○호   업무상횡령 등

피 고 인 : ○   ○   ○

창원지방법원 형사항소1부 귀중

항 소 이 유 서

사　　　　　건　:　○○○○노○○○○호　업무상횡령 등

피고인(항소인)　:　○　　○　　○

　위 사건에 관하여 피고인(항소인) ○○○은 다음과 같이 항소이유를 개진합니다.

- 다 음 -

1. 피고인은 자백·반성하고 있습니다.

가. 피고인은 이 사건 공소사실을 인정하고 있습니다. 피고인은 이 사건 1심 공판에서는 공소사실을 부인하였으나, 피고인은 항소심에서는 이 사건 공소사실을 자백하고 있습니다.

나. 피고인은 1심 공판에서는 피고인이 공소 외 ○○○에게 빌려준 돈을 받아야 한다는 생각에 이 사건 공소사실까지도 부인하였으나, 이 사건으로 법정구속 된 이후 자신의 행동이 어리석었음을 깨달았고, 이 사건 범행을 뉘우치고 반성하고 있습니다. 피고인은 원단사업을 하다가 자금이 부족하게 되어 순간적으로 이 사건 횡령을 한 것에 관하여 뉘우치고, 후회하고 있습니다.

2. 피해자와 합의하였고, 피해자도 선처를 구하고 있습니다.

가. 피고인은 피해자와 합의하였습니다.

피고인의 친구이자 피해자 ○○○의 대리인이었던 공소 외 ○○○은 피고인이 법정구속 된 직후 피해자와의 합의를 주선하였고, 피고인은 피해자 ○○○와 합의를 하였습니다.

위 피해자는 이 사건 고소를 취소함과 아울러 피고인에 대한 처벌을 원하지 않고 있습니다(참고자료 1-1 고소 취소장 및 합의서, 참고자료 1-2 인감증명서).

위 합의는 '피고인은 위 피해자에게 1,000만원을 지급하되, 피고인이 ○○○ 및 피해자에 대하여 가지는 채권 일체를 포기한다' 하는 조건으로 이루어졌고, 피고인은 피고인이 가지고 있던 차용증 등 채권증서를 조철 등에게 되돌려주었습니다.

나. 피해자 및 인근 상인들이 선처를 탄원하고 있습니다.

피해자 ○○○는 위 합의 과정에서 피고인이 이 사건에 이르게 된 본질적인 원인이 ○○○과의 금전문제이었다는 점 나름대로의 사정이 있었다는 것을 알게 되었고, 피고인에 대하여 선처를 호소하는 탄원을 하고 있고, 피고인과 거래를 해오던 상인들 30여명도 함께 피고인의 석방을 탄원을 하고 있습니다(참고자료 2 탄원서).

3. 기타 피고인의 정상

가. 피고인의 직업 및 가정환경

(1) 피고인은 시골에서 중학교를 졸업하고 가정형편이 어려워 상급학교인 고등학교의 진학을 포기하고 서울로 상경하였고, 이후 어려운 환경에서도 친척집 등에 거주하면서 ○○시장에서 원단 판매를 하는 일을 배우게 되었고, ○○○○년경부터 원단판매 자영업을 시작하였습니다.

(2) 피고인은 초기에는 자금사정 등으로 사업실패를 하기도 하였으나, ○○○○년경 ○○이라는 상호로 ○○○종합시장에서 원단판매업을 하면서부터는 큰 규모는 아니지만 안정적으로 사업을 영위하고 있습니다(참고자료 3 사업자등록증 사본).

(3) 피고인의 가족으로는 처 ○○○(○○세, 가정주부)와 2명의 아들(첫째 아들 ○○세는 군복무를 마친 후 가구공장에서 가구제조기술을 연수중이고, 둘째 아들 ○○세는 군복무 중입니다)이 있고, 피고인은 현재에 이르기까지 한 가족의 지극히 정상적인 가장으로 위 가족들을 부양하고 있습니다.

나. 피고인의 구속으로 인한 가족 및 사업의 어려에 처해 있습니다.

(1) 피고인은 생업으로 원단판매사 업을 해오고 있었는데, 이 사건으로 구속되어 사업진행이 사실상 정지됨에 따라 막대한 어려움을 겪고 있습니다. 위 사업과 관련하여 평소의 거래처로부터 원단주문이 계속되고 있는데(참고자료 6원단의뢰서), 일시적으로는 지인의 도움을 받고는 있으나, 피고인의 구속이 장기화될 경우 피고인의 원단사업은 회복하기 어려운 타격을 입을 것으로 심각하게 우려하고 있습니다.

(2) 피고인은 매월 약 300만원 가량의 수입으로 피고인의 집에 대한 임대료,

사무실 임대료 및 생활비에 충당하고 있으나, 피고인의 구속으로 인하여 수입은 커녕 오히려 고정비용의 손실이 발생하고 있고, 이로 인하여 피고인의 가족 및 직장에 매우 어려운 경제적 곤란이 수반되고 있습니다.

라. 반성문 제출

피고인은 1심 공판에서 이 사건 공소사실을 부인하였으나, 이 사건으로 법정구속된 이후 자신의 행동이 어리석었음을 깨달았고, 항소심에서는 반성문 까지 제출하였습니다.

4. 결어

이상에서 보신바와 같이 피고인이 이 사건에 이르게 된 것은 원단사업을 하다가 자금이 부족하게 되어 순간적으로 이 사건 횡령에 이르게 되었습니다.

피고인은 이 사건으로 법정구속 된 이후 자신의 행동이 어리석었음을 깨달았고, 이 사건 범행을 뉘우치고 반성하고 다시는 이런 일이 없을 것임을 다짐하고 있습니다. 위와 같은 정상 등을 참작하시어 이번에 한하여 원심을 파기하시고 피고인에게 집행유예의 관용을 베풀어 주시기 바랍니다.

○○○○ 년 ○○ 월 ○○ 일

위 피고인(항소인) :　　○ ○ ○　　(인)

창원지방법원 형사항소1부 귀중

항 소 이 유 서

사   건 : ○○○○노○○○○호 사기

피 고 인 : ○   ○   ○

청주지방법원 형사항소1부 귀중

항 소 이 유 서

사   건 : ○○○○노○○○○호 사기

피고인(항소인) : ○   ○   ○

위 사건에 관하여 피고인(항소인) ○○○은 다음과 같이 항소이유를 개진합니다.

- 다   음 -

1. 원심판결의 요지

가. 원심판결의 요지

원심은 피고인에 대한 공소사실을 모두 유죄로 인정하여 징역 ○월의 형을 선고하였습니다. 그러나 정상관계 등에 비추어 그 형이 지나치게 무거워 항소를 제기합니다.

나. 공소사실의 요지

피고인 ○○○이 ○○루○○○○호 ○○○ 승합차를 운전하다가 피고인 ○○○이 운전하던 ○○바○○○○호 오토바이와 부딪치는 사고를 내었으나 승합차량이 자동차 종합보험에 가입되어 있지 않자, 보험에 가입한 후 사고 일시를 허위로 신고하여 보험금을 받을 것을 마음먹고, 공모하여 피고인 ○○○은 ○○○○. ○○. ○○. ○○○ ○○○구 ○○○동 ○○○역 사거리에서 정지신호를 받아 대기 중 피고인 ○○○이 ○○○ 차량을 운전하여 우회전하다가 피고인 소유 ○○바○○○○호 ○○○ 오토바이 좌측을 충격하자 피고인 ○○○는 피고인 ○○○에게 전화로 "지금 바로 보험가입을 하겠으니 내일 날짜로 신고를 하라"고 지시하고, 그날 ○○. ○○.경 ○○○보험회사에 전화하여 승합차에 대한 조합보험에 가입하고, 다음날 ○○. ○○.경 ○○○보험회사에 전화하여 "○○○○. ○○. ○○. ○○:○○경 ○○○이 ○○○ 차량을 운전하고 ○○○ ○○○구 ○○○동 ○○○역 사거리에서 우회전하다가, 앞에서 정지하던 ○○바○○○○호 ○○○ 오토바이 좌측을 충격하였다"고 허위 신고를 하고, 피고인 ○○○은 ○○○○. ○○. ○○.입원하고 있던 ○○○정형외과에서 ○○○보험회사 직원 ○○○에게 "○○○○○. ○○. ○○. ○○:○○경 사고가 발생하였다"고 진술하고, 피고인 ○○○은 ○○○○. ○○. ○○. ○○구 ○○동 000-0 "○○○" 사무실에서, ○○○에게 "○○○○. ○○. ○○. 00:00경 ○○○사거리에서 교통사고를 냈다"라고 진술하여, 그 말에 속은 ○○○보험회사로부터 ○○○○. ○○. ○○.치료비 및 합의금 명목으로 보험금 합계 ○○,○○○,○○○원을 피고인 ○○○ 명의 농협예금계좌로 입금 받아 편취하였다. 는 것입니다.

2. 이 사건에 대한 경위

가. 교통사고 발생 경위

이 사건이 발생하게 된 경위는 피고인이 ○○○○. ○○. ○. 00:00경 ○○○ ○○○구 ○○○동에 있는 오토바이 잡지사에 피고인의 오토바이와 관련된 일이 있어 잡지사에 일을 보려고 가던 중 ○○○ ○○○구 ○○○동 ○○○역 사거리에서 그곳 편도 0차로에서 0차선에서 직진을 하려고 하다가 빨간불이 들어와 정지하고 있는 상태에서 0차선에 있던 상피고인 ○○○이 운전하던 ○○○ 승합차가 갑자기 우회전을 하려다 피고인의 오토바이를 들이 받아 교통사고가 발생한 것입니다.

나. 피고인 ○○○이 상피고인 ○○○, ○○○을 알게 된 경위

피고인 ○○○이 상피고인 ○○○, ○○○을 알게 된 것은 이 사건 교통사고를 계기로 처음 알게 되었고, 그 이전에는 일면식도 없던 사람들이었습니다.

다. 피고인 ○○○의 가담 정도

원심은 피고인 ○○○과 상피고인들이 서로 공모를 하였다고 판단하고 있습니다.

그러나 피고인 ○○○은 신호대기 중 정지 상태에서 이사건 가해차량인 ○○○ 승합차를 운전하던 상피고인 ○○○의 운전 미숙으로 말미암아 발생한 사고로서 피고인 ○○○은 보험처리로 보험금을 지급받으면 될 뿐, 특별히 보험사기에 적극적으로 관여할 이유가 없는 상태였습니다.

피고인 ○○○은 처음부터 계획적으로 범죄를 하려는 의도는 없었고 단지 상피고인 ○○○의 부탁을 들어 주다가 우발적으로 이 사건 보험사기에 휘말리게 된 것입니다.

라. 보험사기에 이르게 된 경위

피고인은 사고 발생 후 상피고인 ○○○이 운전하던 ○○○ 승합차가 보험에 가입되어 있는 줄 알았고 또한 상피고인 ○○○이 보험에 가입하였다고 하여 당연히 그런 줄로 알고 있었습니다.

그런데 그 다음날 가해차량이 보험에 가입되어 있지 않은 미보험차량이라는 것을 알게 되었습니다.

그리고 누군가(상피고인 ○○○로 밝혀짐)가 피고인에게 전화를 하여 보험에 미가입하였다며 사고 일시를 다음날인 ○○○○. ○○. ○○.로 해 달라는 부탁을 받고 피고인은 가해 운전자의 딱한 사정을 봐주고 단지 보험금을 지급받으면 되므로 이렇게 사고일시를 하루 늦게 이야기한다는 것이 범죄가 된다는 생각을 하지 못한 채 ○○○○. ○○. ○○. ○○○보험회사 직원인 ○○○에게 사고일시를 ○○○○. ○○. ○○. 00:00으로 진술하였던 것입니다.

3. 양형부당

가. 상피고인들에 대한 양형

원심은 상피고인 ○○○에게 징역 ○○월에 집행유예 ○년, 상피고인 ○○○에게 징역 ○월에 집행유예 ○년을 각 선고하였습니다.

나. 피고인에 대한 양형

원심은 피고인에게는 그 이전의 전과 때문에 징역 0월의 실형을 선고하였습니다.

그런데 정작 가해자를 돕기 위해서 부탁을 들어 준 피해자에게는 징역 ○월의 실형이 선고되고 적극적으로 범행을 주도한 가해자인 상피고인 ○○○과 ○○○에게는 집행유예가 선고된 것은 형의 형평에 어긋나는 부당한 양형이라고 할 것입니다.

다. 피고인 ○○○의 양형에 대한 변호인의 의견

이상 살펴 본 바와 같이 피고인 ○○○에게는 사기죄의 공동정범이 아닌 사기죄의 방조범으로 처벌되어야 하고 이 경우 피고인 ○○○에게는 징역 ○월의 실형을 선고하기보다는 벌금형이 선고되어야 할 것으로 생각됩니다.

4. 정상관계

가. 피고인의 전과

① 피고인 ○○○에게 징역형이 선고된 것은 피고인 ○○○의 전과가 작용하였을 것으로 생각됩니다. 그러나 피고인 ○○○의 전과는 어린 시절 한순간의 잘못된 행동으로 말미암아 생긴 사건으로 피고인 ○○○은 그 행위로 인하여 충분한 대가를 치렀고 반성의 기회를 가졌다고 생각합니다.

② 교통사고처리특례법위반의 전과에 대하여

그리고 피고인이 가석방 후 교통사고처리특례법위반으로 벌금 ○○○,○○○원의 전과가 있으나, 이것도 피고인이 가석방된 후 낮에는 한양광학이라는 안경렌즈를 제조하는 회사에서 근무하면서 밤에는 대리운전기사로서 아르바이트를 하는 과정에서 피고인이 손님의 자가용 승용차를 대리 운전하다가 좌회전을 하는데 신호 주기가 짧아 중앙선을 약간 침범하는 과정에서 뒤에 어린아이도 승차하고 있어서 무리하게 진행하지 않고 멈추어 있는데 앞에서 택시가 급히 직진하는 과정에서 발생한 교통사고였습니다.

그런데 처음에 대리 운전을 시작할 때에는 사장이 보험에 가입되어 있다고 하였는데, 막상 사고가 발생하고 나서는 보험에 가입되어 있지 않았다고 하여 보험처리를 못하고 피고인이 그동안 모은 돈인 ○,○○○,○○○원으로 합의를 하였고 보험처리가 되지 않아 교통사고처리특례법위반으로 벌금형을 선고받게 된 것입니다.

③ 따라서 이러한 사정을 감안한다면 피고인은 가석방 이후 건전한 사회인으로서 복귀하여 직장생활을 하면서 특별한 법위반행위를 하지 않고 사회생활에 적응하려고 노력한 것을 알 수 있습니다.

나. 피고인이 이 사건을 적극적으로 의도한 바 없음

또한 피고인은 이 사건을 적극적으로 계획한 바 없고, 단지 보험금만 지급받으면 된다는 안일한 생각으로 상피고인들의 처지를 생각하여 그 부탁을 들어 준 것에 불과한 것입니다.

다. 피해자에게 실질적 피해가 없음

피해자인 ○○○보험회사는 피고인에게 ○○,○○○,○○○원을 지급하였고, 상
피고인 ○○○는 ○○○○. ○○. ○○.피해자인 ○○○보험주식회사에게 금 ○
○,○○○,○○○원을 지급하고 합의하였으므로 실질적으로 피해가 회복된 상태
입니다.

라. 피고인이 이 사건으로 부당이득을 취한바 없음

피고인은 이 사건으로 금 ○,○○○,○○○원(오토바이 전손가액 ○,○○○,○○
○원+병원치료비 ○○○,○○○원+ 합의금 ○,○○○,○○○원)을 지급받았지만,
이는 피고인이 교통사고 피해자로서 당연히 받을 피해액수에 불과한 것으로써
피고인은 이 사건으로 인하여 부당이득을 취하지 않았습니다.

마. 피고인의 가족관계

피고인은 현재 주거지에서 부 유○○, 모 서○○, 여동생 유○○과 함께 화목
한 가정생활을 하고 있습니다.

바. 피고인의 건강 상태

피고인은 ○○○○. ○○. ○○. 인천 소재 도로상에서 오토바이를 타고 가던
중 앞서가던 트럭에서 떨어진 돌에 맞아 약 ○개월간의 치료를 요하는 우경골
개방성분쇄골절 등의 중상을 입고 수술을 받은 상태로서 가해 트럭도 알지 못
하여 치료비도 피고인이 부담해야 하는 어려운 처지이고 수술 후유증으로 인
하여 아직도 거동에 불편이 있는 상태입니다.

사. 피고인의 사회 봉사 활동

피고인은 가석방 후 봉사단체인 까치봉사대에서 활동하면서 수능시험일에는 오
토바이를 이용하여 수험생들을 수능시험장에 태워다 주는 등 사회봉사활동을
하였습니다.

아. 피고인의 반성

피고인은 경찰조사이래 순순히 범행을 시인하고 자백하였습니다.

또한 가해자를 돕겠다는 단순한 생각으로 사고 일시를 잘못 진술한 것이 이렇게 무서운 결과를 초래한 것에 대하여 깊이 반성하고 있습니다.

5. 원심의 적용 법률에 대한 의견

가. 원심의 적용 법률

원심은 피고인 ○○○에게 형법 제000조 제0항, 제00조, 제00조를 적용하고 있습니다.

나. 형법 제35조의 적용에 관하여

(1) 공동정범에 관하여

위에서 살펴 본 바와 같이 피고인한 변호인의 의견 ○○○은 적극적으로 공모한 것이 아니라 단지 상피고인 ○○○의 부탁에 선의로 가해자의 입장을 고려하다가 사고일을 단지 하루 늦게 보험회사 직원인 ○○○에게 이야기 한 것일 뿐입니다. 그런데 원심 재판부는 이를 보험사기를 위한 공모로 보고 형법 제35조를 적용하여 공동정범으로 처벌하고 있습니다.

판례에 따르면 "공동정범이 성립하기 위해서는 2인 이상이 공동하여 죄를 범하여야 하는 것으로서 이에는 주관적 요건인 공동가공의 의사와 객관적 요건인 공동의사에 의한 기능적 행위지배를 통한 범죄의 실행사실이 필요한데 공동가공의 의사는 타인의 범행을 인식하면서도 이를 저지하지 아니하고 용인하는 것만으로는 부족하고 공동의 의사로 특정한 범죄행위를 하기위하여 일체가 되어 서로 다른 사람의 행위를 이용하여 자기의 의사를 실행에 옮기는 것을 내용으로 하는 것이어야 한다(대 0000. 0. 0. 00도 0000)."고 하고 있습니다.

(2) 적용 법률에 대한 변호인의 의견

　　이 사건과 관련하여서 보면 피고인 ○○○에게는 단순히 상피고인 ○○○의 부탁을 들어 준 것에 불과하고 적극적으로 특정한 범죄행위인 보험사기를 하기 위하여 상피고인들의 행위를 이용하여 보험사기를 하려는 의사가 있었다고 보기는 어렵다고 하겠습니다.

　　그렇다면 피고인 ○○○에게 형법 제00조 제0항에 의한 사기죄의 방조범으로 처벌할 수는 있을지언정 형법 제00조를 적용하여 사기죄의 공동정범으로 처벌하는 것은 부당하다고 할 것입니다.

다. 형법 제00조의 적용에 관하여

(1) 원심은 피고인 ○○○에게 형법 제00조를 적용하여 누범가중을 하고 있습니다.

(2) 누범 가중의 요건

　　형법 제00조에 따르면 누범 가중을 하기 위해서는 피고인이 금고 이상의 형을 받아 그 집행을 종료하거나 면제를 받은 후 ○년내에 금고 이상에 해당하는 죄를 범하여야 한다고 규정하고 있습니다.

(3) 적용 법률에 대한 의견

　　이상 살펴 본 바와 같이 피고인 ○○○에게는 징역 ○월의 실형을 선고하기보다는 벌금형이 선고되어야 할 것으로 생각됩니다.

　　피고인 ○○○에게 징역형이 선고된 것은 피고인 ○○○의 전과가 작용하였을 것으로 생각됩니다.

　　그러나 피고인 ○○○의 전과는 어린시절 한순간의 잘못된 행동으로 말미암아 생긴 사건으로 피고인 ○○○은 그 행위로 인하여 충분한 대가를 치렀고 반성의 기회를 가졌다고 생각합니다.

　　그리고 피고인이 가석방된 이후 이번 사건에 연루되기 전까지는 어떠한 법위반 행위도 저지르지 않고 성실하게 직장 생활을 하고 있었으며 이번 사건도 피고인이 적극적으로 범죄를 저지르지 않은 점을 감안한다면 징역 ○월의 실형 선고는 과중한 형이라 생각되며 피고인이 건전한 사회인으로 복귀하기 위해서나 형사정책적 견지에서도 벌금형의 선고가 무난하다고 생각됩니다.

따라서 피고인에게 징역형이 아닌 벌금형을 선택하는 경우에는 누범 가중을 할 수는 없다고 할 것입니다.

6. 결론

위 피고인이 비록 전과가 있기는 하지만 이는 철이 없던 어린 시절에 발생한 것이고, 이를 이유로 양형에 영향을 끼쳐서는 안 된다고 생각됩니다.

그리고 위 피고인이 적극적으로 보험사기를 의도한 것이 아니고 가해자인 상피고인을 돕겠다는 것이 결과적으로 보험사기죄의 구성요건에 해당하게 된 것입니다.

그렇다면 위 피고인에게 사기죄의 공동정범으로 처벌한 것은 부당하고 방조범으로 처벌되어야 할 것이며 상피고인들의 선고형과도 비교해 보아도 실형선고는 부당하다고 생각됩니다

따라서 위 피고인에게는 벌금형이 선고되어야 할 것이며 위 피고인이 비록 전과가 있지만 가석방 된 이후 이 사건에 연루되기까지 실질적으로 법위반 사실이 없고 건전한 사회인으로서 직장생활에 충실한 점을 참작하시어 피고인에게 금번에 한하여 벌금형 등 법이 허용하는 최대한의 선처를 베풀어 주시기를 바랍니다.

○○○○ 년 ○○ 월 ○○ 일

위 피고인(항소인) : 0 0 0   (인)

청주지방법원 형사항소1부 귀중

항 소 이 유 서

사   건 : ○○○○노○○○○호 사기

피 고 인 : ○   ○   ○

전주지방법원 형사항소1부 귀중

항 소 이 유 서

사　　　　건　:　○○○○노○○○○호　사기

피고인(항소인)　:　○　　○　　○

　　위 사건에 관하여 피고인(항소인) ○○○은 다음과 같이 항소이유를 개진합니다.

- 다 음 -

제1심은 피고인에게 판시범죄사실을 인정하고 징역 6월의 실형을 선고하였는바, 이는 다음에서 보는 여러 사정을 참작하여 보면 그 형이 너무 무거워 부당하므로 제1심 판결을 파기한 후 집행유예 등의 관대한 판결을 내려 주시기 바랍니다.

1. 피고인의 직업 등

가. 피고인은 ○○○○. ○○. ○○기계고등학교를 졸업한 후 ○○대학교 행정학과에 입학하여 공부하던 중 군입대하여 근무하다가 ○○○○. 만기제대한 후 복학하여 ○○○○. ○○.위 대학을 졸업하였습니다.

나. 그 후 피고인은 ○○○○. ○○. 주식회사 ○○통신에서 통신기기담당직원으로 3년간 근무 하다가 ○○○○. ○○. ○○자동차 ○○영업소 영업담당사원으로 입사하였습니다.

그 후 ○○자동차 ○○영업소에서 영업담당대리로 근무하다 ○○○○. ○○. ○○.경 퇴직하고 ○○○○. ○○.월부터 (주)○○종합건설 영업담당과장으로 근무하고 있습니다.

이 사건은 피고인이 위 ○○자동차 ○○영업소에서 근무하던 중에 생긴 것입니다.

2. 이 사건에 이르게 된 경위

가. 피고인은 ○○○○. 겨울경 공소 외 김○○ 을 알게 되어 그 때 위 김○○ 의 아버지인 공소 외 김○○ 에게 승합차 1대를 판매하였고 그 후 김○○의 소개로 타인에게 에쿠스 승용차 1대를 판매하였으며 ○○○○.말경 위 김○○에게 다시 스타렉스 승합차 1대를 판매하였습니다.

나. 그러다가 ○○○○. ○○.경 또 위 김○○ 소개로 타인에게 아반떼 승용차 1대를 판매하였습니다.

피고인은 위 김○○ 위와 같이 자동차의 판매를 소개해주는 등하여 아주 고맙게 생각하고 있었습니다.

다.

(1) 그러던 차에 ○○○○. ○○.말경 위 김○○ 피해자 박○○ 소개하여 알게 되었고 위 김○○의 지시대로 위 ○○○에게 무쏘 승용차 1대를 매도하는 계약을 하게 되었던 것입니다.

피고인이 위와 같이 매매계약을 체결하는 등 한 것 은 위 김○○의 지시대로 하면 위 김○○이 또 피고인으로 부터 자동차를 매수할 사람을 소개시켜 줄 것이기 때문 이였습니다.

(2) 그리고 피고인은 ○○○○. ○○.초경 위 김○○이 피해자 강○○를 만나 서류를 받아오라고 하여 받아왔습니다.

피고인이 위와 같은 심부름을 한 이유는 ○○○○. ○○.초경 위 김○○이 피고인으로부터 공소 외 석○○ 명의로 카니발 승합차 1대를 출고 받고 금 5,000,000원만 납부하고 나머지 대금 14,850,000원을 불입하지 아니하여 이를 피고인이 대납하여 위 대납한 돈을 받기 위하여서입니다.

(3) 그 후 위 김○○은 피고인에게 ○○○○. ○○.경 중고자동차매매상사를 경영하고 있다는 피해자 한○○를 소개해 주었습니다.

위 한○○가 트라젯승용차를 위 김○○으로 부터 매수하는데 피고인이 위 김○○의 보증을 섰는데 위 문제는 정상적으로 해결되었습니다.

그 후 ○○○○. ○○.경 위 한○○가 카렌스 2.0 승합차를 위 김○○으로 부터 매수하였는데 피고인에게 보증을 요구하여 보증의 의미에서 피고인과 위 한○○가 위 카렌스 승합차에 대한 매매계약을 체결하였습니다.

그리하여 위 한○○는 피고인 명의의 통장으로 금 10,000,000원을 송금하여 피고인은 위 돈을 위 김○○ 등에게 주었던 것입니다.

피고인은 위와 같은 경위로 이 사건에 관여하게 되었던 것입니다.

라.

(1) 피고인이 ○○자동차 영업소에서 자동차 판매업무에 종사해왔기 때문에 위 김○○ 또는 위 김○○의 소개 등으로 앞서본 자동차를 포함하여 자동차 15대 정도를 판매하였습니다.

그러나 위 김○○은 그 대금 중 일부만 입금하고 나머지 입금하지 않은 금액이 합계금 00,000,000원 정도가 되었습니다.

(2) 그리하여 피고인은 ○○○○. ○○. ○○. 위 김○○으로 부터 위 금 ○○, ○○○,○○○원에 대한 지급각서와 약속어음 공정증서까지 받아 보관하고 있습니다.

마. 이상에서 본 바와 같이 피고인은 위 김○○을 알게 되어 피고인의 담당업무인 자동차를 판매하기 위하여, 또 판매한 자동차 대금을 받기 위하여 위 김○○이 시키는 대로 행동하였던 것으로 이로 인하여 피고인이 이득을 취득한 것은 전혀 없었습니다.

3. 초범

피고인은 이 사건 이외에 처벌 받은 적이 없는 초범입니다.

4. 합의

피고인은 비록 이 사건으로 이득을 취한 바는 없지만 피해자 박○○, 한00, 강○○에게 피해 보상을 하고 원만히 합의를 하려고 하였으나 위 피해자들이 많은 돈을 요구하여 아직 합의를 못하고 있습니다.

피고인은 어떻게 하든 피해자들과 합의를 하여 이 사건 공판기일까지는 그 합의서를 제출하겠습니다.

5. 잘못을 뉘우침

피고인은 비록 피고인의 업무인 자동차를 더 많이 팔거나 그 대금회수를 위해 이 사건에 관여 한 것이지만 그 잘못을 깊이 뉘우치고 모든 사실을 자백까지 하였습니다.

6. 피고인의 건강

피고인은 당뇨가 너무 심하여 주사나 약을 먹지 않으면 건강에 큰 지장을 받습니다.

부디 이번에 한하여 관대한 처분을 내려 주시여 피고인의 건강회복에 빛을 내려 주시기 바랍니다.

7. 피고인의 가족관계

피고인의 처인 ○○○(○○세)는 가정주부이고, 피고인의 아들인 이○○(○○세)은 ○○중학교학생, 피고인의 딸인 이○○(○○세)은 ○○초등학교학생입니다.

피고인은 위 가족들의 부양을 담당하고 있는데 구속되는 바람에 위 가족들의 생계가 너무나 막연한 상태에 있습니다.

8. 결론

이상의 여러 사정을 참작하시여 제1심 판결을 취소한 후 피고인에게 집행유예 등의 관대한 판결을 내려주시기 바랍니다.

소명자료 및 첨부서류

1. 가족관계증명서

○○○○ 년 ○○ 월 ○○ 일

위 피고인(항소인) :　　○ ○ ○　　(인)

전주지방법원 형사항소1부 귀중

항 소 이 유 서

사　　건 : ○○○○노○○○○호　근로기준법위반

1피 고 인 : ○　　　○　　　○

인천지방지법 형사항소1부 귀중

항 소 이 유 서

사   건 : ○○○○노○○○○호   근로기준법위반

1피고인(항소인) : ○   ○   ○

   위 사건에 관하여 1피고인(항소인) ○○○은 다음과 같이 항소이유를 개진합니다.

- 다 음 -

1. 피고인이 이 사건 회사의 대표이사가 된 경위

　가, 피고인은 ○○○○. ○○. ○○. 상 피고인 ○○○이 경영하는 ○○시 ○○로길 ○○, 소재 ○○빌딩에 있는 주식회사 ○○○의 사무실에 가서 회사가 불특정 다수인에게 광고를 통하여 매각하는 ○○○도 ○○시 ○○로 산 ○○○번지 임야에 대한 매각 설명을 듣고, 토지를 매수한 후 등기를 넘겨받던 과정인 동년 2. 상피고인 ○○○을 처음 만나 알게 되었습니다.

　나, 피고인은 상피고인 ○○○으로부터 위 임야 두 필지를 매수하였는데 프리렌서 회원으로 가입하였으므로, 매매대금에서 평당 ○○,○○○원을 공제한 나머지를 매매대금으로 지불하였습니다.

　다, 피고인은 이 사건 회사에 대표이사가 될 때까지 상피고인을 여러 번 만났을 뿐 특별한 접촉은 없었고, 상피고인은 회사업무에 전혀 간여하지 않았습니다.

　라, 상피고인 ○○○은 ○○○○. ○○. ○○. 피고인에게 자신의 회사경영이 매우 좋으면, 피고인에게 돈을 벌 수 있게 도와주겠다는 말을 하기 시작했습니다.

　마, 이에 피고인과 상피고인 ○○○은 대화를 한 결과 ○○○○. ○○. ○○. 아래과 같이 합의하였고, 이 합의 중 일부를 합의서로 작성하였습니다.

- 아 래 -

　(1) 상피고인 ○○○은 피고인이 이 사건 대표이사로 취임하는 절차를 즉시 이행하기로 한다.

　(2) 상피고인은 이 사건 회사의 채무일체를 변제하기로 한다.

　(3) 이 사건 회사의 자금은 피고인이 관리한다.

　(4) 이 사건 회사의 이익금은 피고인과 상피고인이 절반씩 나누어 가지기로 한다.

　(5) 이 사건 회사의 법인인감도장은 피고인이 관리한다.

위와 같은 합의에 따라 피고인은 당일 근저당권을 설정해 주었고, 상피고인 ○○○은 피고인을 이 사건 회사의 대표이사로 취임하게 하는 법인등기를 신청하였습니다. 피고인은 합의가 작성된 익일인 ○○○○. ○○. ○○. 자로 이 사건 회사의 대표이사가 되었습니다.

2. 피고인이 이 사건 회사의 대표이사가 된 이후에 발생된 사실들

가. 상피고인 ○○○은 ○○○○. ○○. ○○. 사직하였던 70여명의 직원들에게 약 4개월 동안의 월급을 지급하지 않았습니다. 피고인은 이러한 사실을 전혀 모른 채 이 사건 회사에 대표이사로 취임하면서 상피고인과 합의할 때도 체불임금에 대해서는 모두 상피고인이 부담하기로 하였습니다.

이렇게 상피고인으로부터 임금을 지급받지 못한 직원들은 피고인이 대표이사에 취임하자마자 수십 차례 사무실로 찾아와 아우성을 치면서 체불임금을 달라고 요구하였고, 피고인은 이렇게 3개월 이상 임금을 지불하지 않은 것을 알았다면 근저당권을 설정해 주고 대표이사에 취임하지도 않았을 것인데 후회하였습니다.

나. 피고인은 위와 같은 사정을 상피고인 ○○○에게 알리면서 체불임금을 조속히 해결해 주어야 회사를 정상적으로 운영할 수 있다고 말하고 그렇지 않으면 운영할 수 없으니 피고인이 제공한 담보제공을 취소할 수도 있다고 했습니다.

그럼에도 불구하고 상피고인이 이를 해결하지 않아 도저히 회사를 운영할 수 없어서 피고인은 ○○○○. ○○. ○○.부터 회사사무실을 폐쇄하고 경영을 포기했습니다.

다. 결국은 피고인은 상피고인 ○○○에게 속아 피고인의 주택을 담보로 근저당권을 3억 원이나 해주고 이를 고스란히 손해를 본 상태에서 회사를 운영해 보지도 못하고 경영을 포기한 것인데 설상가상으로 상피고인이 지급하지 않은 체불임금으로 인하여 고발당하여 1심에서 징역 6월에 집행유예 2년간 및 사회봉사명령 50시간이 선고되어 피고인은 너무나 억울합니다.

3. 피고인이 상피고인 ○○○을 사기죄로 고소하였습니다.

피고인은 상피고인 ○○○을 상대로 사기 등의 죄명으로 고소하여 현재 수사가 진행 중에 있습니다. 추후 고소인진술을 마치고 바로 고소장 사본과 수사결과에 대하여 제출하도록 하겠습니다.

4. 피고인은 이 사건에 있어 무죄입니다.

가, 이 사건을 조사한 근로감독관은 만약 피고인이 하루만 늦게 대표이사로 취임하였더라면 피고인에게는 범죄혐의를 인정할 수 없는데, 안타깝게도 하루가 빨라 범죄혐의가 인정된다고 말을 했습니다.

나, 행정법규 위반 행위에 대한 형사적 처벌에서 일반형사사범과 같은 정도의 고의가 있어야 하는 것은 아니지만, 이 사건의 경우 일반형사범과 같은 수준으로 처벌하는 것이므로 체불임금이 있다는 것을 알고 있었어야만 유죄로 인정할 수 있다고 사료됩니다.

피고인은 공직생활을 하다가 퇴직하였을 뿐 사회경험이 매우 부족하여 돈을 많이 벌 수 있다는 상피고인의 말에 현혹되어 체불임금이 있으리라곤 전혀 예상하지 못하고 대표이사로 취임했던 것입니다.

그러므로 엄격하게 따진다면 세심한 주의를 다 하지 못한 과실이 있을 뿐이라고 인정될 수 있습니다.

다, 따라서 피고인이 대표이사로 취임한 경위 및 이후의 상황에 비추어 보면, 피고인에게 근로기준법위반의 범죄혐의를 인정할 수 없다고 피고인은 주장합니다.

피고인에게 무죄를 선고하여 주시기 바랍니다.

5. 원심의 형량은 지나치게 가혹합니다.

피고인은 위에서 자세하게 설명한 바와 같이 피고인은 상피고인 ○○○의 기망에 의하여 이 사건 회사의 대표이사가 되면서 3억 원 상당의 재산상의 피해를 입은 피해자입니다.

그럼에도 상피고인 ○○○과 똑 같은 형량을 선고 받았는데 이는 형평성에서 매우 어긋납니다.

피고인에게는 무죄를 선고해 주시거나 아니면 선고유예를 선고하여야 형평성에 맞습니다.

6. 맺는 말

피고인이 이 사건 회사의 대표이사로 취임한 전후 사정 등 제반 사실들을 종합고찰 하시면 피고인은 무죄를 선고 받아야 하고, 그렇지 않다면 선고유예를 받아야 마땅합니다.

원심을 파기하고 무죄나 선고유예를 선고하여 주시기 바라와 이렇게 항소를 하게 된 것입니다.

소명자료 및 첨부서류

1. 합의서 사본   1부

1. 등기부등본(근저당권설정)   1부

○○○○ 년 ○○ 월 ○○ 일

위 항소인(1피고인) :   ○ ○ ○   (인)

인천지방지법 형사항소1부 귀중

항 소 이 유 서

사　　건 : ○○○○노○○○○호　교통사고처리특례법위반

피 고 인 : ○　　　　○　　　　○

광주지방지법 형사항소1부 귀중

항 소 이 유 서

사   건 : ○○○○노○○○○호 교통사고처리특례법위반

피고인(항소인)   : ○   ○   ○

　위 사건에 관하여 피고인(항소인) ○○○은 다음과 같이 항소이유를 개진합니다.

<h1 style="text-align: center;">- 다　음 -</h1>

　　원심은 피고인에 대한 판시에 있어서 본건 교통사고상황 등에 관한 피고인의 주장 불비로 인하여 원심판결에 영향을 미쳤습니다.

1. 원심판결 이유의 요지

　　(1) 원심판결은 그 채택된 증거에 의하여 첫째, 피고인이 소외 ○○여객 전남 ○○바 ○○○○호 시내버스의 운전사라는 사실, 둘째 피고인이 ○○○○○. ○○. ○○. 06:40경 위 버스를 운전하고 ○○시 ○○동 ○○번지 소재 00 프라자 앞길을 순환도로 쪽으로 편도 2차선 도로의 2차로를 따라 시속 약 57km로 진행하면서 제한속도인 시속 40km를 초과한 과속으로 운전, 전방 및 좌우 주시의무를 게을리 했다는 사실, 셋째 피고인이 피고인의 진행방향 왼쪽에서 오른쪽으로 도로를 가로질러 진행하는 피해자(○○○, ○○세)가 운전하는 50cc 오토바이를 뒤늦게 발견하고 위 버스 오른쪽 앞부분으로 위 오토바이를 충격한 사실, 넷째 위 사고로 피해자가 ○○소재 ○○병원에서 응급가료 중 뇌골절에 의한 뇌간마비로 사망케 함과 동시에 오토바이 수리 비 509,000원 상당이 들도록 손괴한 사실 등을 각 인정하였습니다

　　(2) 그리고 위 인정사실에 의하여 교통사고처리특례법 제3조 제1항, 형법 제 268조, 도로교통법 제108조, 형법 제40조, 형법 제50조, 형법 제57조, 형법 제62조 제1항 등을 적용하여 금고 1년에 집행유예 2년을 선고하였 습니다.

2. 항소이유

　　그러나 피고인은 위 제2점 및 제3점에 대하여 이유가 있습니다.

　　(1) 피고인은 사고 당시 분명히 40여km정도로 거의 서행하였으며, 이는 증인 ○○○의 법정증언에서도 일부 인정된 바입니다.

　　사고 당시는 새벽길이라서 약간의 미끄럼이 있을 것으로 사료되는 바, 피

고인이 운전하던 버스의 스키드 마크는 이 같은 상황을 전혀 고려치 아니하고 추정한 것입니다.

그러므로 피고인이 과속으로 운행했다는 것은 사실과 다른 것입니다.

(2) 피고인이 피고인의 진행방향으로 왼쪽에서 오른쪽으로 도로를 가로질러 진행하는 피해자를 뒤늦게 발견하고 급제동하였으나 미치지 못하고 충격하였다는 것은 본 건 사실과 다릅니다.

피고인은 ○○경찰서 교통사고조사 담당경찰의 현장조사 내용에 있어서도 밝혀지듯이 오토바이가 분명히 피고인 진행방향으로 오른쪽에서 왼쪽으로 차선이 없는 골목도로를 속도 미상의 과속으로 튀어나오다가 발생한 사고였고, 피고인이 주의의무를 다하여 운행하였음에도 불구하고 신의칙이나 예견가능성이 없는 상태에서 충격한 불가항력적인 사고였습니다.

(3) 그럼에도 불구하고 피고인은 신체가 구속된 상태로 검찰 조사과정에서 제대로 확인할 수 없을 만큼 심약한 상태에서 신문을 받았습니다.

여기에 원심은 구체적 타당성을 결여하여 피고인에게 많은 형량을 부과하였는바, 이로써 오로지 배운 것이라고는 운전기술 밖에 없는 피고인이 구속 중에 회사로부터 어이없이 ○○○○. ○○. ○○.해고되어 정신적으로도 충격을 받는 불이익을 당하게 되었습니다.

3. 결어

그리하여 본 건 사고 이외에 피고인이 전과가 전혀 없을 뿐만 아니라, 사고정황의 사실 및 회사에서 성실하게 근무해온 점 그리고 피고인의 삶에 대한 앞날 등을 감안하시어 형량을 대폭 감하여 주시고, 해고를 당했을 경우 다른 버스회사에서는 운전할 수 없는 점 등을 고려하시어 위 회사에서 해고가 철회될 근거가 될 수 있도록 바라기에 이 항소이유서를 제출하는 바입니다.

소명자료 및 첨부서류

1.교통사고사실확인원   1부

○○○○ 년 ○○ 월 ○○ 일

위 피고인(항소인) :   ○ ○ ○   (인)

광주지방지법 형사항소1부 귀중

(24)형사사건 항소이유서 - 교통사고처리특례법위반 원심은 증인진술을 배척하여 다시 판결을 받기 위한 항소이유서

항 소 이 유 서

사　　건 : ○○○○노○○○○호　교통사고처리특례법위반

피 고 인 : ○　　　○　　　○

부산지방지법 형사항소1부 귀중

항 소 이 유 서

사 　 　 건 : ○○○○노○○○○호 　교통사고처리특례법위반

피고인(항소인) 　 : 　○ 　 ○ 　 ○

　위 사건에 관하여 피고인(항소인) ○○○은 다음과 같이 항소이유를 개진합니다.

- 다 음 -

1. 사실오인의 점에 관하여

원심판결은 공소사실을 모두 유죄로 인정하고 피고인에게 벌금 100만원을 선고하였으나, 이는 부당한 것입니다.

   (1) 이 사건은 ○○방면에서 ○○방면으로 신호에 따라 좌회전하는 피고인 차량을 ○○리 방면에서 ○○방면으로 좌회전하던 공소 외 ○○○이 일시정지를 무시하고 좌회전하다가 신호에 따라 좌회전하여 직진주행중인 피고인 운전의 시내버스 우측 앞바퀴 부분을 들이받아 발생한 것입니다

   (2) 이는 사고현장의 도로여건 및 사고 후의 정황으로 보아 피고인의 주장이 일응 합리적이고 일관성이 있음에도 원심판결은 공소 외 ○○○의 일관성 없는 주장 및 조작된 증인들의 증언을 증거로 채택하여 피고인에게 유죄를 인정하였으나, 부당하다 아니할 수 없는 것입니다.

2. 채증법칙 위배의 점에 관하여

원심판결은 이 사건 관련 증인 및 참고인들의 진술을 증거로 선택함에 있어 형평을 잃은 부당한 판결을 하였습니다.

   (1) 이 사건 사고의 신고를 받고 현장에 도착하여 사고처리를 하였던 ○○○ 순경은 공소 외 ○○○과 같은 동네에 거주하고 있으며, 위 ○○○의 모친과도 면식이 있는 사람으로서 피고인이 요구한 위 ○○○에 대한 음주측정도 하지 않았고, 현장에서 증인으로 데리고 온 사람들에 대하여도 사고 당시의 사실을 왜곡하는 진술을 하도록 유도하였던 점을 간과한 채 증거로 채택하였습니다.

   이 사건 당시 횡단보도를 건너기 위해 횡단 보도상에 있다가 사고를 목격하였다는 공소 외 ○○○, 동 ○○○는 사고 당시 현장에 없었던 사람들임에도 마치 현장에서 사고를 직접 목격한 것처럼 진술 및 증언을 하고 있

으나, 이들은 인근 주막에서 술을 마시고 사고가 발생한 후 소란스러울 때 현장에 도착하였던 사람들로서 진술에 일관성이 없음에도 증거로 채택하였습니다.

(2) 한편 이 사건 당시 ○○방면에서 ○○방면으로 진행하다가 사고를 직접 목격한 공소 외 ○○○은 일관성 있고 현장감 있는 증언을 하고 있음에도 이를 증거로 선택하지 않는 등 부당한 판결을 하였습니다.

또한 사고 현장의 신호주기는 피고인의 진술 및 위 ○○○의 진술과 일치하고 있음에도 원심법원에서는 이를 간과한 채 조작된 목격자인 ○○○ 및 ○○○의 진술을 신뢰하여 피고인에게 유죄를 인정한 잘못이 있습니다.

(3) 더욱이 이 사건 사고현장에 거주하면서 이 사건 당시를 목격하고 현장으로 달려온 고소 외 ○○○은 자신과 같은 계원간인 공소 외 ○○○의 모친과의 관계를 염려하여 증인으로 출석하기를 거부하다가 증인으로 출석하여 피고인의 진술과 일치하는 진술을 하였음에도 원심은 피고인의 주장을 부당하게 배척하였습니다.

3. 결어

위와 같이 원심판결은 사실오인 및 채증법칙 위배의 부당한 판결을 함으로써 사건의 진실을 밝혀내지 못하였으므로 원심판결은 마땅히 파기되고 다시 새로운 판결을 얻고자 이건 항소이유를 개진하는 바입니다.

소명자료 및 첨부서류

1.교통사고사실확인원   1부

○○○○ 년 ○○ 월 ○○ 일

위 피고인(항소인) :   ○ ○ ○   (인)

부산지방지법 형사항소1부 귀중

항 소 이 유 서

사　　　건 : ○○○○노○○○○호　업무방해

피 고 인 : ○　　　○　　　○

전주지방법원 형사항소2부 귀중

항 소 이 유 서

사 건 : ○○○○노○○○○호 **업무방해**

피고인 : ○   ○   ○

위 사건에 관하여 피고인은 다음과 같이 항소이유를 개진합니다.

- 다 음 -

1. 원심판결의 요지

가. 원심 판결문 기재 범죄 사실은

피고인은 ○○○○. ○○. ○○. 01:00 무렵부터 05:40 무렵까지 사이에 피고인의 주거지에서 전주시 ○○구 ○○로길 ○○, ○○경찰서 ○○지구대사무실로 전화하여 전일 피고인이 신고하였던 주차위반 사건에 대한 처리결과를 알려줄 것을 요구하여 경사 조○○로부터 처리결과를 통보 받았음에도 불구하고, 나는 범칙금납부고지서를 발부하여 달라고 하였는데, 왜 지도장을 발부하여 주었느냐며 그 이유에 대하여 단속자에게 직접 이야기를 듣고 싶다, 일처리를 그렇게 하느냐, 술을 먹고 근무하느냐 가만두지 않겠다, 라며 경찰관의 심리를 압박하고, 통화내용을 녹음하는 등 7회에 걸쳐 2시간 가량 통화하여 위력으로 지구대의 정상적인 업무를 방해하였다, 라는 것입니다.

나. 원심 판결문에 기재된 유죄를 인정하는 이유를 요약 정리하면,

범죄사실에 기재된 바와 같이 피고인이 전화를 한 것이 ○○○○. ○○. ○○. 의 법정진술에 의하여 인정된다.

업무방해죄에 있어서의 "위력"이란 사람의 자유의사를 제압 혼란케 할만한 일체의 세력을 말하고, 유형적이든 무형적이든 묻지 아니하며, 폭행, 협박은 물론 사회적, 경제적, 정치적, 지위와 권세에 의한 압박 등을 포함한다고 할 것이며, 그 위력에 의해 현실적으로 피해자의 자유의사가 제압되는 것을 요하는 것도 아니며, 업무방해죄의 성립에 있어서 업무방해의 결과가 실제로 발생함을 요하는 것도 아니고, 업무방해의 결과를 초래할 위험이 발생하는 것으로 족한 점 등에 비추어 보면, 피고인의 행위는 사회통념상 허용되는 방법에 의한 민원제기의 범위를 넘어 업무방해죄에 있어서의 위력에 해당된다, 라고 정리될 수 있습니다.

2. 첫째 항소이유 - 공무(公務)는 업무방해죄의 업무가 아닙니다.

가, 이 사건에서 발생되거나 발생우려가 있었던 피해는 ○○경찰서 ○○지구대의 경찰업무이어서 공무입니다. 따라서 형법 제138조(공무집행방해죄)로 의율 수사됨이 통상적이라 할 것입니다.

그리고 이 사건 수사기록 중, 범죄인지 보고를 보면 공무집행방해로 입건되었는데, 송치되면서 업무방해로 바뀌었습니다.

어떤 이유로 공무집행방해로 의율 수사하다가 업무방해로 변경되었는지요, 그 이유는 피고인을 처벌을 하고 싶은데 공무집행방해를 의율하면 공무집행방해의 구성요건에는 위력이 없어 범죄의 혐의를 인정할 수 없으므로, 업무방해로 바꾸지 않을 도리가 없었기 때문이고, 다른 이유를 찾을 수 없을 것입니다.

그러므로 과연 공무(公務)가 업무방해죄 소정의 업무에 해당되지 않습니다.

나, 결론적으로 원심 법원이 인정한 범죄 사실이 모두 사실로 인정되더라도, 경찰 공무원의 권력적 공무는 업무방해죄 소정의 업무가 아니어서 업무방해죄로 처벌할 수 없음에도 원심 법원은 업무방해죄에 대한 법리를 오해하여 피고인에게 유죄를 선고한 잘못이 있다 할 것입니다.

3. 공무집행방해죄가 인정되지 않습니다.

범죄 사실 중, 피고인이 "가만두지 않겠다" 라는 말은 한바 없습니다만, 백보를 양보하여 그러한 말을 한 것이 사실이라고 인정하더라도, 이 말은 경미하여 이 말을 들은 경찰공무원이 개의치 않을 정도의 말이므로 이 말은 공무집행방해죄 소정의 협박에 해당되지 않습니다.(대법원 2006. 1. 13. 선고 2005도4799 참조)

4. 둘째 항소이유 - 피고인의 행위는 업무방해죄 소정의 위력이 아닙니다.

가, 범죄사실에 기재된 피고인의 행위가 사회통념상의 허용한도를 벗어났는가(판결문에는 "피고인의 행위는 사회통념상 허용되는 방법에 의한 민원제기의 범위를 넘어"라고 기재되어 있습니다)를 살펴보면,

첫째 - 피고인은 ○○:○○무렵부터 ○○:○○무렵까지 사이에 7회에 걸쳐 2시간 가량 지구대 경찰관들과 통화를 하였는데, 만약 피고인으로부터 전화를 받았던 경찰관들이 법령(국가공무원, 사법경찰관리집무규칙, 민원사무처리규정 등)에 충실하였다면, 그들은 피고인에게 피고인이 제기한 민원처리결과에 불만이 있으면 서면질의를 하거나 상급기관에 민원을 제기하여 달라고 대답하고 장시간 전화통화를 하게 되면 지구대의 업무수행에 지장이 있음을 피고인에게 설명하며, 피고인의 질의에 정중한 언사로 응답하였을 것이고, 이렇게 응답하였더라도, 피고인이 비록 피해자들의 기분을 상하는 말을 하였더라도 2-3회에 걸쳐 적게는 2분 정도 길게는 10분 정도에 전화통화를 마쳤을 것으로 충분히 추론될 수 있습니다.

이러한 관점에서 살펴보면, ○○경찰서 ○○지구대 경찰관들이 피고인의 민원에 대하여 공무원답지 못하게 응답한 것이, 피고인이 7회에 걸쳐 2시간 가량 전화통화를 하게 된, 큰 원인 중의 하나임을 인정할 수 있어, 어느 쪽의 잘못이 더 많은가를 구별하기 어렵다는 점입니다.

둘째 - 피고인은 나이가 많고 성격 탓에 많은 말을 하거나 말을 반복하는 경향이 있어 전화통화가 길어졌다는 점입니다.

셋째 - 피고인이 한 말들(술을 먹고 근무하느냐, 가만두지 않겠다는 말을 한 바는 없습니다)은 민원처리 결과에 불만 있는 사람으로서는 할 수 있는 말들이라는 점입니다.

넷째 - 수사기록과 공판기록을 검토하면, 이 사건 발생 전에 피고인이 여러 차례 주차위반을 신고하는 등 민원제기가 많았고, 그리하여 ○○경찰서 ○○지구대 경찰관들이 피고인의 민원제기에 불만을 가지고서 피고인을 언젠가는 혼내주어야 되겠다고 생각하고 있었음을 인정할 수 있는데 이러한 피해자들의 생각이 이 사건 발생에 상당한 영향을 미친 것을 인정할 수 있다는 점입니다.

그리고 사건 전개 과정 전반을 보태어 종합고찰하면, 객관적관점에서 피고인의 행위가 사회통념사의 허용한도를 벗어났다고 인정될 수 없습니다.

나, 결론적으로 판례에 비추어 보더라도 범죄 사실 기재 피고인의 행위는 업무방해죄 소정의 위력에 해당되지 아니함에도, 원심 법원은 법리를 오해하여, 피고인에게 유죄를 선고한 잘못이 있습니다.

5. 셋째 항소이유 - 증인들의 증언은 모두 위증입니다.

피고인은 원심에서 증언한 사람들에 대하여 위증죄로 고소하여 수사중에 있고, 원심에서 증언내용을 다툰 바 있습니다. 구체적인 설명은 원심에서 제출되었던 피고인 작성의 변론요지서를 원용합니다.

6. 넷째 항소이유 - 수사에 위법이 있습니다.

가, 사법경찰관이집무규칙을 살펴보면, 제2조(사법경찰관리의 직무) 제2항에 사법경찰관은 범인, 범죄사실과 증거를 수사함을 그 직무로 한다. 제2조 제3항에 사법경찰리는 수사를 보조함을 그 직무로 한다. 라고 규정되어 있고, 규칙 중 대부분은 사법경찰관이 할 수 있고, 사법경찰 리가 단독으로 할 수 있는 업무는 제23조(영장의 집행) 제31조(현행범인의 체포) 제32조(현행범인의 조사 및 석방) 제33조(변사자의 검시) 등 경미한 수사업무에 한정된 것을 알 수 있습니다.

그리고, 제21조(범죄인지보고서) 제1항에는 사법경찰관이 수사에 착수할 때에는 범죄인지보고서를 작성하여야 한다. 라고 규정되어, 범죄인지는 중요한 수사업무이어서 사법경찰관만이 할 수 있고, 사법경찰리는 할 수 없도록 규정되어 있음을 알 수 있습니다.

나, 이 사건 수사기록을 살펴보면 사법경찰리인 ○○경찰서 형사과 폭력 4팀 근무 경사 ○○○이 범죄인지보고서를 작성하였음을 알 수 있습니다.

따라서 범죄인지를 할 수 없는 사법경찰 리가 이 사건에 대하여 범죄인지를 하였음을 알 수 있어, 이 사건 수사에 있어서는 사법경찰관리집무규칙위반이 있음을 인정할 수 있습니다.

다, 사법경찰관이집무규칙 위반이 국민의 인권에 미치는 영향이 심대함을 고려하면, 사법경찰 리가 범죄를 인지한 사법경찰리집무규칙 위반은 훈시규정 위반이 아닌 강행법규 위반이라고 인정할 수 있고, 나아가 위법한 절차에 의하여 이 사건 수사가 행하여졌음을 인정할 수 있어 무효의 공소제기이므로, 공소기각이 선고되어야 합니다(대법원 2005도1247, 2006도3464)

7. 맺는 말씀

첫째, 원심 판결문에 기재된 범죄 사실은 공무를 방해한 것이고, 고무는 업무방해죄 소정의 업무에 포함되지 않음에도, 원심 법원은 법리를 오해하여 업무방해죄를 적용 유죄를 선고한 잘못이 있습니다.

둘째, 공무가 업무방해죄의 업무에 포함된다고 인정하더라도 판례에 비추어 피고인의 행위는 업무방해죄 소정의 위력이 아니어서 업무방해죄로 처벌할 수 없음에도 원심 법원은 법리를 오해 유죄를 선고한 잘못이 있습니다.

셋째, 원심 법원의 증인들의 증언은 위증이어서 증거로 삼을 수 없음에도 이들의 증언을 유죄의 증거로 삼은 잘못이 있습니다.

넷째, 이 사건은 사법경찰 리가 범죄를 인지한 사법경찰관리집무규칙 위반이 있는 위법한 수사에 의하여 제기된 공소이므로 공소기각 판결을 하여야 합니다.

피고인은 억울합니다. 무죄나 공소기각을 선고하여 주시기 바랍니다.

소명자료 및 첨부서류

1. 참고자료 판결문, 형법각론   1부

○○○○ 년 ○○ 월 ○○ 일

위 피고인(항소인) : 0 0 0 (인)

전주지방법원 형사항소2부 귀중

◨ 편 저 대한법률콘텐츠연구회 ◨

(연구회 발행도서)

· 청구취지 원인변경 소의 변경 보충·정정 작성방법
· 청구이의의 소 강제집행정지 제3자이의의 소
· 음주운전 공무집행방해 의견서 작성방법
· 불기소처분 고등법원 재정신청서 작성방법
· 형사사건항소 항소이유서 작성방법
· 불법행위 손해배상 위자료 청구
· 경찰서 진술서 작성방법

형사항소 절차 사실오인·양형부당 항소이유서 지침서

형사사건항소 항소이유서 작성방법

2024년 10월 5일 인쇄
2024년 10월 10일 발행

편 저 대한법률콘텐츠연구회
발행인 김현호
발행처 법문북스
공급처 법률미디어

주소 서울 구로구 경인로 54길4(구로동 636-62)
전화 02)2636-2911~2, 팩스 02)2636-3012
홈페이지 www.lawb.co.kr

등록일자 1979년 8월 27일
등록번호 제5-22호

ISBN 979-11-93350-60-7(13360)

정가 28,000원

이 도서의 국립중앙도서관 출판예정도서목록(CIP)은 서지정보유통지원시스템 홈페이지(http://seoji.nl.go.kr)와 국가
자료종합목록 구축시스템(http://kolis-net.nl.go.kr)에서 이용하실 수 있습니다.